Truhen und Kästen aus Holz

GREG CHEETHAM

KÖNEMANN

2
3

INHALT

Rollencontainer (oben), Fensterbank mit Kassettenfront (ganz links) und Truhe mit rundem Deckel (links).

Projektplanung

Kästen und Truhen sind äußerst praktische und gleichzeitig repräsentative Möbelstücke. Dabei ist es relativ einfach, sie selber zu bauen.

ARBEITSPLATZ UND WERKZEUG

Um diese hölzernen Kästen und Truhen anzufertigen, brauchen Sie keine Schreinerwerkstatt. Es genügt ein zweckmäßiger Arbeitsraum. Was Sie jedoch unbedingt benötigen, ist eine Werkbank. Es gibt verschiedene Modelle zu kaufen, aber Sie kommen günstiger weg, wenn Sie zwei Böcke nehmen, auf die Sie eine dicke Spanplatte montieren. Damit schaffen Sie eine brauchbare Arbeitsfläche für alle in diesem Buch vorgestellten Arbeiten.

Für die meisten davon genügt normales Werkzeug. Sollten Sie die Anschaffung zusätzlicher Geräte planen, dann denken Sie an eine Handkreissäge, eine elektrische Bohrmaschine, eine Stichsäge und auch eine Oberfräse. Diese Werkzeuge gehören inzwischen zur Standardausrüstung des Heimwerkers. Diese Maschinen kosten nicht die Welt. Achten Sie beim Kauf aber auf Qualität.

SICHERHEITS-VORKEHRUNGEN

Beim Einsatz von Elektrogeräten müssen Sie auf Ihre Sicherheit achten. Sie brauchen eine Schutzbrille, die den gesamten Augenbereich bedeckt, eine Atemschutzmaske (falls Sie unter Atembeschwerden leiden, empfehlen wir eine mit Filter), einen Gehörschutz sowie Mütze oder Haarnetz, sofern Sie Ihr Haar lang tragen. Tragen Sie keine weitgeschnittene Kleidung, wenn Sie mit Elektrogeräten hantieren. Bei 5000 Umdrehungen pro Minute kann schnell etwas passieren, wenn sich der Stoff im Werkzeug verfängt.

AUSWAHL DES HOLZES

Für die hier gezeigten Kästen und Truhen wurden verschiedene Materialien verwendet, beispielsweise Naturholz oder mitteldichte Holzfaserplatte (MDF). Bei der Arbeit mit Naturholz entscheidet die Auswahl der Holzart über das Aussehen des fertigen Gegenstandes. Verwenden Sie möglichst ast- und fehlerfreie Holzbretter und achten Sie auf die Güteklasse des Schnittholzes. Wählen Sie eine Holzart, die sich leicht verarbeiten läßt. Überzeugen Sie sich auch davon, daß die Bretter gut getrocknet und nicht verzogen sind, indem Sie an einer Längskante entlangvisieren.

Nachdem Sie das Schnittholz ausgesucht haben, bringen Sie es zu einem Schreiner, der Ihnen die Bretter auf Länge schneidet und mit der Hobelmaschine abrichtet. Das Zuschneiden erfolgt zunächst nur grob, damit die

Tips für den Holzkauf

Schnittholz wird in verschiedenen Arten angeboten:

- Unbesäumt als Stamm- oder Blockware
- Ungehobelte Bretter und Bohlen nach DIN 4071 (Nadelholz) und DIN 68372 (Laubholz) in Normallängen zwischen 150 und 600 cm, unbesäumt, konisch besäumt oder parallel besäumt
- Gehobelte Bretter und Bohlen aus Nadelholz nach DIN 4073
- Als Halbfertigwaren (Profilbretter, Fasebretter, gefalzte oder gespundete Bretter usw.)

Gehobelte Bretter und Bohlen werden in der Regel in Normallängen und Normdicken verkauft. Wenn sie aber zweiseitig glattgehobelt sind, ist die tatsächliche Breite und Dicke etwas geringer als das Normalmaß. Ein Brett von beispielsweise 100 x 50 mm hat nach dem Hobeln noch eine Breite und Dicke von 91 x 41 mm. Die Tabelle nennt Nenndicke – vorbehaltlich Schnittungenauigkeiten und Dicke nach dem Abrichten:

Normaldicke/mm	abgerichtet/mm
12	8
16	12
19	15
25	19
38	30
50	41
75	66
100	91

Bretter etwa 20 mm länger sind als für das Werkstück erforderlich. Das Abrichten der Kanten und Flächen, um rauhe oder unebene Holzoberflächen zu beseitigen, ist, besonders bei größeren Werkstücken, nur auf einer professionellen Hobelmaschine möglich. Es gibt noch genügend Schreinerwerkstätten, insbesondere in ländlichen Gebieten, die diese Arbeiten für einen geringen Preis erledigen.

BEVOR SIE BEGINNEN

Nachdem Sie den Gegenstand ausgesucht haben, den Sie anfertigen wollen, lesen Sie die Arbeitsanleitung in Ruhe durch. Sollten Sie sich mit der Holzverarbeitung nicht besonders gut auskennen, üben Sie die erforderlichen Techniken an Holzabfällen – insbesondere das Herstellen von Verbindungen –, bevor Sie mit der eigentlichen Arbeit beginnen.

Die Güte des Holzes bestimmt das Aussehen des fertigen Gegenstandes.

Der Korpus dieser Schatulle besteht aus Bergahorn, für Sockel und Deckelleiste wurde rotes afrikanisches Padouk verwendet. Die Deckelplatte ist ebenfalls aus Ahorn mit konzentrischer Maserung gefertigt.

Schmuckschatulle

Für den Zusammenbau dieser wunderschönen Schatulle wurden ausgefalzte und stumpfe Eckverbindungen auf Gehrung verwendet. Das rotbraune Padouk des Sockels und Deckels kontrastiert wirkungsvoll mit dem hellen Ahorn des Korpus.

Werkzeug

- Maßband
- Schlicht- oder Putzhobel
- Streichmaß
- Universal- oder Reißmesser
- Feinsäge
- Fuchsschwanz oder Handkreissäge
- Stecheisen: 25 mm
- Anschlagwinkel und Bleistift
- Falzhobel oder Oberfräse mit 12-mm-Nutfräser
- Bohrmaschine
- Spiralbohrer 4 mm, Versenker
- Gehrungsschneidlade und Schmiege
- Bandspanner
- Schraubzwingen 300 mm
- Schleifklotz oder Bandschleifer
- Schraubendreher
- Versenker und Ziehklinge

VORBEREITUNG

1 Schnittholz von 100 x 16 mm auf 91 x 12 mm abrichten. Für den Boden zwei Bretter auf 280 mm Länge schneiden. Leim auf die Längskanten angeben und die Bretter mit Zwingen bündig einspannen. Herausquellenden Leim abwischen. Werkstück beiseite stellen und Leim abbinden lassen.

2 Für die Seitenteile eine Längskante der übrigen 91 x 12-mm-Bretter mit dem Putzhobel abrichten, Außenseiten markieren. Breite mit Streichmaß anreißen und Bretter auf Maß hobeln.

3 Länge der vier Seitenteile markieren, 5 mm für Schnittfuge zugeben und erst mit Bleistift, dann mit Universalmesser anreißen. Seitenteile mit der Feinsäge ablängen.

4 Seitenteile mit der Außenseite aufeinanderlegen, auf der Werkbank einspannen und die eine Schnittkante rechtwinklig bis zum Fertigriß hobeln. Werkstück umdrehen und die andere Schnittkante abrichten.

5 Vorder- und Rückwand auf die Außenseite legen und 12 mm vom Fertigriß einwärts Schnittlinien für die Falze ziehen. Die Risse 8 mm tief um die Kanten abwinkeln. Streichmaß auf 8 mm einstellen und Falztiefe auf der Stirnseite und den Kanten anreißen. Die Schnittlinien mit dem Reißmesser nachziehen und mit der Feinsäge vorsichtig bis auf Falztiefe heruntersägen. Werkstück in die Vorderzange der Werkbank einspannen und mit dem 25-mm-Stechbeitel den Verschnitt

Stückliste*

Teil	Material	Länge	Anzahl
Seitenteile	100 x 16-mm-Schnittholz	280 mm	2
Stirnwände	100 x 16-mm-Schnittholz	152 mm	2
Boden	100 x 16-mm-Schnittholz	272 mm	2
Deckelrahmen (Seiten)	125 x 25-mm-Schnittholz	300 mm	2
Deckelrahmen (Kopf)	125 x 25-mm-Schnittholz	200 mm	2
Deckelfüllung	100 x 25-mm-Holz, sägerauh	192 mm	1
Futter (Längsseite)	125 x 25-mm-Schnittholz	198 mm	2
Futter (Schmalseite)	125 x 25-mm-Schnittholz	100 mm	2
Leisten (Längsseite)	125 x 25-mm-Schnittholz	256 mm	2
Leisten (Schmalseite)	125 x 25-mm-Schnittholz	137 mm	2
Sockel (Längsseite)	100 x 25-mm-Schnittholz	320 mm	2
Sockel (Schmalseite)	100 x 25-mm-Schnittholz	200 mm	2

Außerdem: Weißleim; sechs 3,0 x 25-Spax-Senkkopfschrauben; sechs 2,5 x 20-Spax-Senkkopfschrauben; zehn 15-mm- Messingstifte; Klarlack, seidenmatt; Holzkitt (in der passenden Holzfarbe); Schleifpapier: ein Bogen Körnung 180, ein Bogen Körnung 240 und ein Bogen Körnung 600 (Naßschleifpapier)

* Schnittholzmaße lassen sich nur ungefähr angeben (siehe Seite 5). Für dieses Werkstück brauchen Sie: 1500 x 100 x 16 mm Schnittholz (Korpus); 1800 x 125 x 25 mm Schnittholz (Rahmen); 300 x 100 x 25 mm Holz, sägerauh (Füllung). Fertigmaße des Kästchens: Länge: 320 mm; Breite: 200 mm; Höhe: 131 mm.

ausstemmen. Die Werkstücke auf der Arbeitsfläche befestigen und alle Falze der Vorder- und Rückwand sauber abrichten.

6 Mit dem Falzhobel oder der Oberfräse 12 mm breite und 8 mm tiefe Bodenfalze auf Vorder- und Rückseite sowie auf den Seitenteilen einarbeiten.

7 Falls erforderlich, die Oberseite des verleimten Bodenbretts mit einem Schlichthobel planhobeln. Eine der Längskanten des Bodenbretts rechtwinklig hobeln. Auf der Brettoberseite

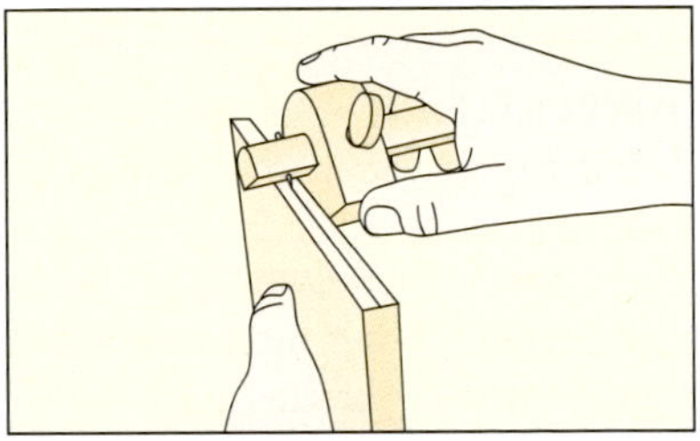

5 Das Streichmaß auf 8 mm einstellen und auf der Stirnseite eine Linie für den Falz anreißen.

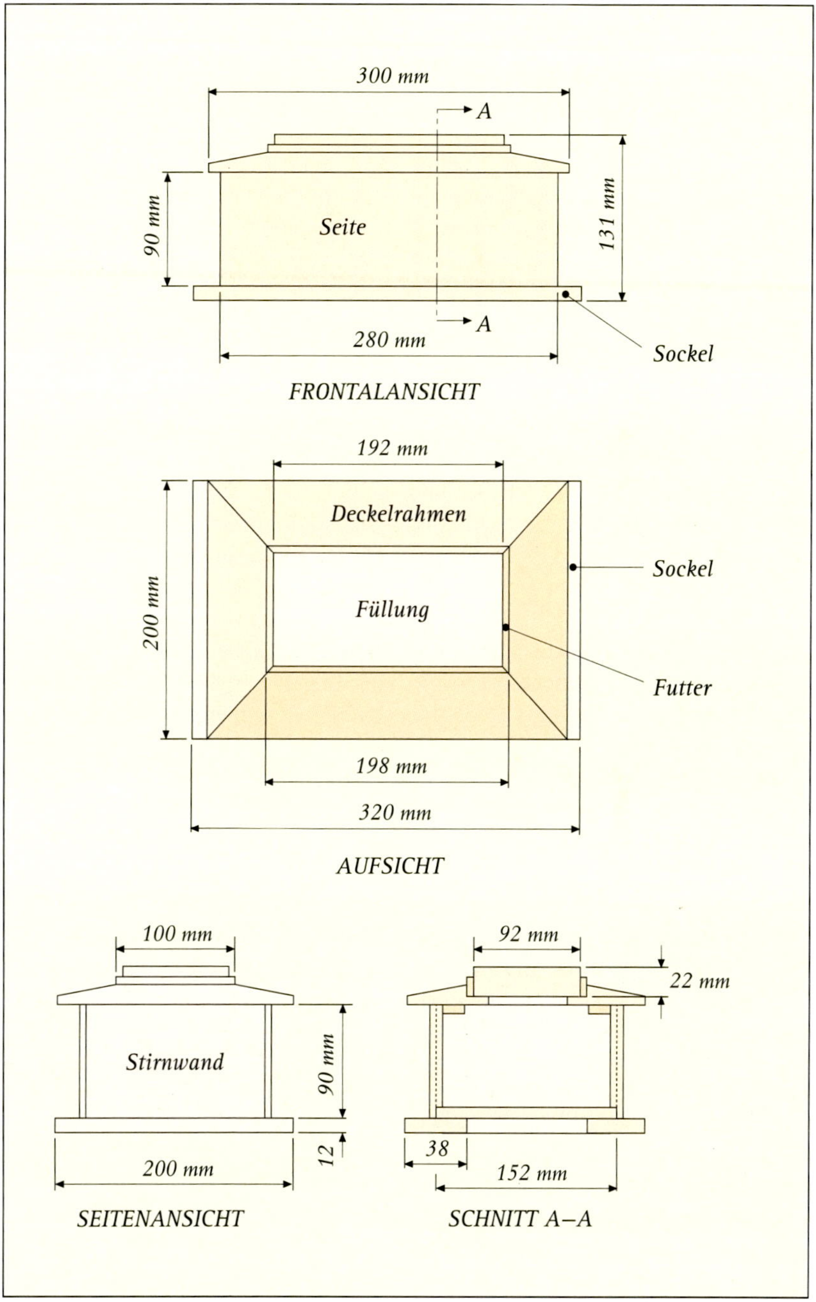
300 mm
A
90 mm
Seite
131 mm
A
280 mm
Sockel
FRONTALANSICHT
192 mm
Deckelrahmen
Sockel
200 mm
Füllung
Futter
198 mm
320 mm
AUFSICHT
100 mm
Stirnwand
90 mm
12
200 mm
SEITENANSICHT
92 mm
22 mm
38
152 mm
SCHNITT A–A

GEHRUNGEN SCHNEIDEN

Es ist gar nicht so leicht, mit der Feinsäge allein eine saubere Gehrung zu schneiden. Besser geht es mit einer im Winkel verstellbaren Gehrungssäge. Eine solche gehört in jede besser ausgestattete Hobbywerkstatt. Profis verwenden meist eine elektrische Kappsäge.

mit Streichmaß oder Winkel den Fertigriß der Breite festlegen. An der Außenseite des Risses mit Fuchsschwanz oder Handkreissäge abschneiden und mit dem Putzhobel auf Maß hobeln. Die Brettlänge von 272 mm anreißen, über die Oberfläche abwinkeln und mit dem Reißmesser nachziehen. Das Brett mit dem Fuchsschwanz auf Länge schneiden und Stirnseiten mit dem Hobel auf Fertigmaß hobeln.

ZUSAMMENBAU DES KASTENS

8 Die Werkstücke probeweise zusammenfügen und Rechtwinkligkeit mit Hilfe der Diagonalenmessung prüfen. Den Boden einsetzen und gegebenenfalls Korrekturen vornehmen. Alle Innenseiten mit 180er Schleifpapier bearbeiten.

9 Auf der Bodenunterseite 6 mm von den Außenkanten einwärts Risse anbringen. Auf Vorder- und Rückwand 80 mm einwärts von den Stirnseiten und mittig über der Breite der Seitenteile Bohrlöcher anzeichnen. Mit dem 4-mm-Bohrer Löcher für die Schrauben bohren und mit dem Versenker ausfräsen.

10 Auf alle Verbindungen der Vorder- und Rückseite sowie der Seitenteile Leim angeben und mit dem Finger gleichmäßig verstreichen. Die Zarge des Kästchens mit den Unterkanten nach oben zusammenfügen und mit Schraubzwingen einspannen. Dabei Zuschlag unter die Backen legen, um die Holzoberflächen vor Beschädigung zu schützen. Das Bodenbrett in die Falze legen und die Zarge rechtwinklig ausrichten. Durch das Bodenbrett 2 mm breite Führungslöcher bohren. Sechs 20 mm lange Schrauben in die Löcher eindrehen. Den Leim abbinden lassen.

DECKELRAHMEN

11 Die 125 x 25-mm-Schnitthölzer auf 115 x 19 mm abrichten. Ein Stück von 1100 mm Länge abschneiden. Streichmaß auf 66 mm einstellen und auf beiden Flächen Schnittlinie anreißen. An der Außenkante des Risses mit der Handkreissäge mit Seitenanschlag das Brett längs teilen und mit dem Putzhobel auf Maß hobeln.

13 Spannen Sie das Werkstück an der Kante der Werkbank ein und hobeln Sie die Schräge.

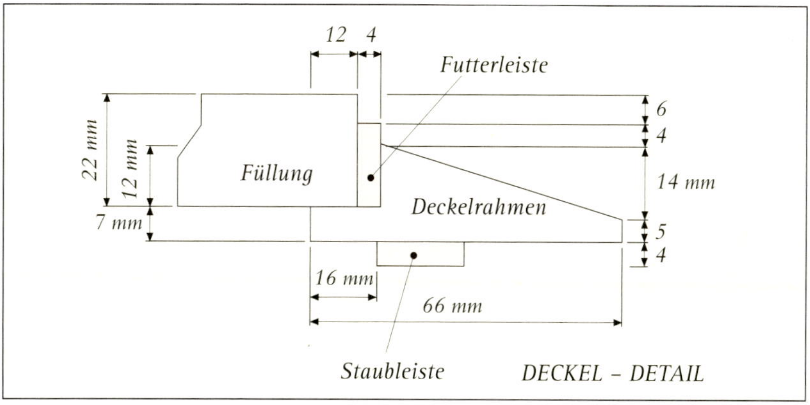

12 An der Innenseite der Oberkante der Leiste einen 16 mm breiten und 12 mm tiefen Falz anbringen. Das geht am besten mit der Oberfräse.

13 Von der Unterseite ausgehend in 5 mm Höhe eine Linie anreißen, die das untere Ende der Schräge markiert. Das Werkstück an der Kante der Arbeitsfläche einspannen und die Schräge hobeln.

14 Die Länge der Rahmenleisten abmessen und an der Schmalseite der Schräge markieren. Mit einer auf 45° eingestellten Schmiege die Gehrungen anreißen. Die Rahmenleisten mit etwas Übermaß auf Gehrung schneiden. Das gelingt am besten mit einer Gehrungssäge. Auch Gehrungslade und Feinsäge sind sehr gut geeignet. Die Schnittflächen dann bis zum Riß beschleifen.

15 An die Stoßflächen Leim angeben und etwas einreiben. Nochmals Leim angeben, die Leisten zusammenfügen und mit einem Bandspanner fixieren. Austretenden Leim mit einem feuchten Lappen abwischen.

DER SOCKELRAHMEN

16 Die als Verschnitt vom Deckelrahmen verbliebene Leiste auf zwei Seiten

14 Schneiden Sie die Gehrungen mit etwas Übermaß und bestoßen Sie die Schnittflächen bis zum Riß.

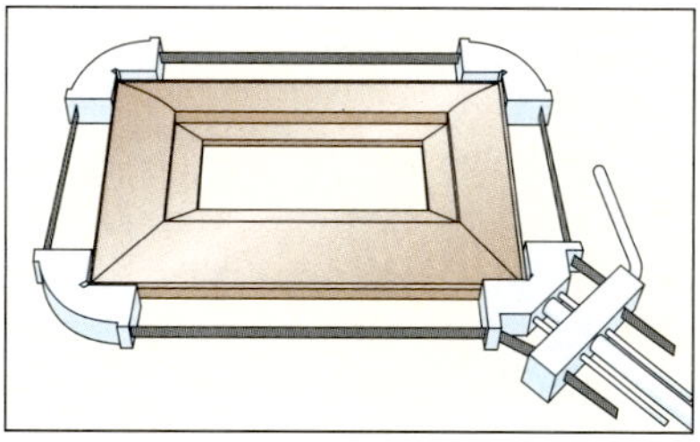

15 Fügen Sie den Rahmen unter Leimzugabe zusammen und fixieren Sie ihn mit einem Bandspanner.

mit dem Hobel glätten. Das Streichmaß auf 38 mm einstellen und entlang der unverputzten Kante eine Linie anreißen. Die Leiste mit dem Schlichthobel bis auf diese Linie abhobeln. In gleicher Weise 12 mm Höhe anreißen und die Leiste auf dieses Maß herunterhobeln. Die Längen der Rahmenleisten markieren und wie unter Punkt 14 beschrieben auf Gehrung schneiden und verleimen.

FUTTERRAHMEN

17 Aus dem Verschnitt von Deckel- und Sockelrahmen mit der Feinsäge drei 5–6 mm breite Streifen schneiden und zwei davon mit dem Schlichthobel auf 16 x 4 mm zurechthobeln. Den dritten. Streifen auf 19 x 4 mm zurechthobeln. Er bildet den Rahmen, mit dem der Deckel in die Zarge einrastet.

18 Die Leisten für den Futterrahmen anhalten, die exakte Länge anreißen und mit der Feinsäge ablängen. Die Gehrungen über Ober-, Unter- und Innenseite anreißen und die Risse mit dem Cuttermesser nachschneiden. Die Gehrungen mit der Feinsäge schneiden.

DECKELFÜLLUNG EINSETZEN

19 Die Holzplatte für die Deckelfüllung einseitig und an zwei Kanten hobeln und schleifen. Auf allen Kanten mit dem auf 22 mm eingestellten Streichmaß eine Linie anreißen und die Deckelfüllung bis zu dieser Linie abrichten. Diese Arbeit sollten Sie am besten einem Schreiner überlassen, der über einen entsprechenden Abrichthobel verfügt. Die Füllung mit der Feinsäge mit etwas Übermaß zuschneiden und je eine Längs- und Querseite versäubern. Hobeln Sie dabei einen leichten Winkel, damit das Werkstück leichter in den Rahmen gleitet. Den Futterrahmen einsetzen und die Füllung mit Hobel und Schleifpapier so lange bearbeiten, bis sie sich genau passend in den Futterrahmen schieben läßt.

20 Erst den Futterrahmen zusammen- und dann sofort die Füllung einleimen.

ZUSAMMENBAUEN

21 Die oberen Außenkanten des Sockelrahmens mit dem Hobel bestoßen und mit Schleifpapier abrunden. Oder die Kante mit der Oberfräse und einem entsprechenden Fräser abrunden.

22 Die Zarge mit der offenen Seite auf den Sockel setzen und exakt mittig ausrichten. Die Lage der Zarge mit dem Bleistift anreißen. Die Schraubenlöcher entsprechend der Zeichnung auf S. 13 anzeichnen, mit einem 4-mm-Bohrer bohren und mit einem Versenker konisch ausfräsen. Den Sockel auf die Unterseite der Zarge auflegen und an den Markierungen ausrichten. Durch die Schraubenlöcher mit einem 2-mm-Bohrer vorbohren und den Sockel mit 6 x 25-Schrauben provisorisch befestigen.

23 Die Öffnung der Zarge abmessen und mit 2 mm Untermaß exakt mittig

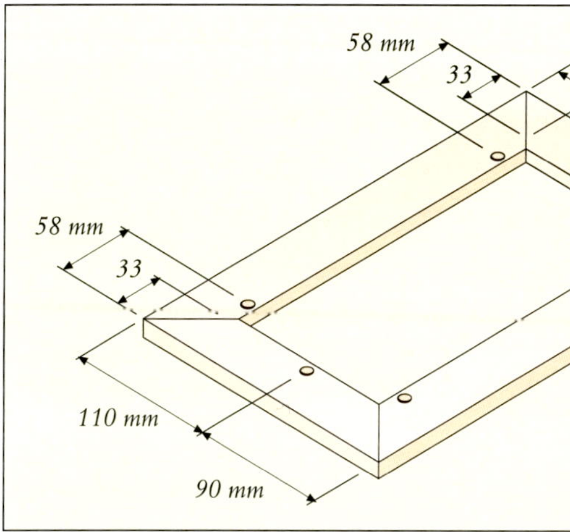

POSITION DER BOHRUNGEN ZUR BEFESTIGUNG DES SOCKELRAHMENS

auf die Unterseite des Deckelrahmens übertragen. Nun die 19 x 4-mm-Leiste flach anlegen, entsprechend den Rissen ablängen und auf Gehrung zuschneiden. Dann die Staubleisten mit 15-mm-Stiften annageln und die Nagelköpfe versenken.

FERTIGSTELLEN

24 Den Sockel von der Zarge abnehmen und alle Holzflächen und Kanten mit 180er Schleifpapier sorgfältig verschleifen. Das Ganze mit einem feuchten Lappen abwischen, damit sich die Holzfasern aufstellen. Wenn

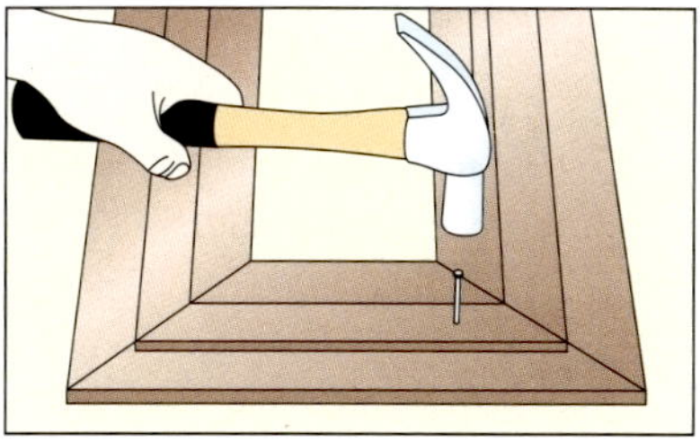

23 Befestigen Sie die Staubleisten mit 15-mm-Stiften und versenken Sie die Nagelköpfe mit einem Durchschlag.

die Feuchtigkeit abgetrocknet ist, wird sich die Holzoberfläche wieder rauh anfühlen. Eventuelle Spalten und Risse mit Holzkitt in passender Farbe ausfüllen. Nach dem Trocknen alle Holzteile mit 240er Schleifpapier von Hand glattschleifen.

25 Den Sockel wieder anschrauben. Alle Holzteile mit verdünntem, seidenmattem Klarlack oder Schnellschliffgrund vorstreichen, um die Poren zu füllen. Den Anstrich gut trocknen lassen und das Kästchen mit 220er Schleifpapier zwischenschleifen. Dabei nur in Faserrichtung schleifen. Nun mit unverdünntem, seidenmattem Klarlack lackieren. Für eine besonders glatte Oberfläche nochmals mit 600er Schleifpapier schleifen, sorgfältig entstauben und ein drittes Mal lackieren. Wünschen Sie eine offenporige, natürliche Oberfläche, so verzichten Sie auf Lacke und behandeln Sie die Holzoberflächen mit Wachsbeize oder einem guten Möbelwachs.

Schmuckkästchen mit Beschlägen

Dieses schöne Kästchen mit Spitzdeckel und Zieranleimer ist eine lohnende Aufgabe für erfahrene Heimwerker. Es wird in einem Stück gearbeitet, der Deckel nachträglich abgeschnitten.

Werkzeuge

- Schlichthobel
- Simshobel (oder Oberfräse)
- Hammer
- Stechbeitel 6 mm, 25 mm
- Feinsäge
- Elektrische Stichsäge
- Laubsäge
- Meterstab
- Anschlagwinkel und Bleistift
- Klingenmesser
- Set Uhrmacherschraubenzieher
- Schmiege
- Schleifklotz
- Zeichendreieck, Zirkel und Schere
- Ziehklingen
- Rund- und Flachfeile
- Schraubzwingen
- Bandspanner

VORBEREITUNG

1 Die 16 mm starken Massivholzbrettchen auf 10 mm Dicke abrichten oder in der Schreinerei abrichten lassen. Je zwei Kanten rechtwinklig schneiden und versäubern.

2 Je eine Seitenwand auf 700 mm und eine Stirnwand auf 360 mm mit etwas Übermaß zuschneiden.

3 An den Brettern für die Seitenteile in 107 mm Abstand von der versäuberten Kante eine zu dieser parallele Linie anreißen und entlang dieser Linie schneiden. Die Stirnseiten entsprechend dem Schema auf Seite 18 anreißen. Die vier Teile der Zarge aneinanderlegen, um sicherzustellen, daß die Stöße jeweils gleich hoch sind. Bedenken Sie, daß die Zarge in einem Stück aufgebaut wird.

4 Die Gehrungen anreißen und den Riß mit dem Klingenmesser nachziehen, um die oberste Schicht Holzfasern zu durchtrennen. Die Seiten- und Stirnwände der Reihe nach einspannen und die Gehrungen sorgfältig mit der Feinsäge schneiden. Mit etwas Übermaß sägen und die Kanten mit dem Hobel bis zum Riß bestoßen.

5 Die Giebel der Kopfseiten mit der Feinsäge mit etwas Übermaß zuschneiden und bestoßen, die Schnittkanten mit dem Hobel bis zum Riß bestoßen. An die Außenkanten 5 x 5-mm-Falze einarbeiten.

6 Die Seitenteile fest auf die Werkbank einspannen und mit dem Simshobel oder der Oberfräse in jede Oberkante einen 7 mm breiten und

Dieses Schmuckkästchen wurde aus Lärche, einem einheimischen Holz mit warmem Honigton, gearbeitet, während für Füße und Einlagen Rosenholz verwendet wurde.

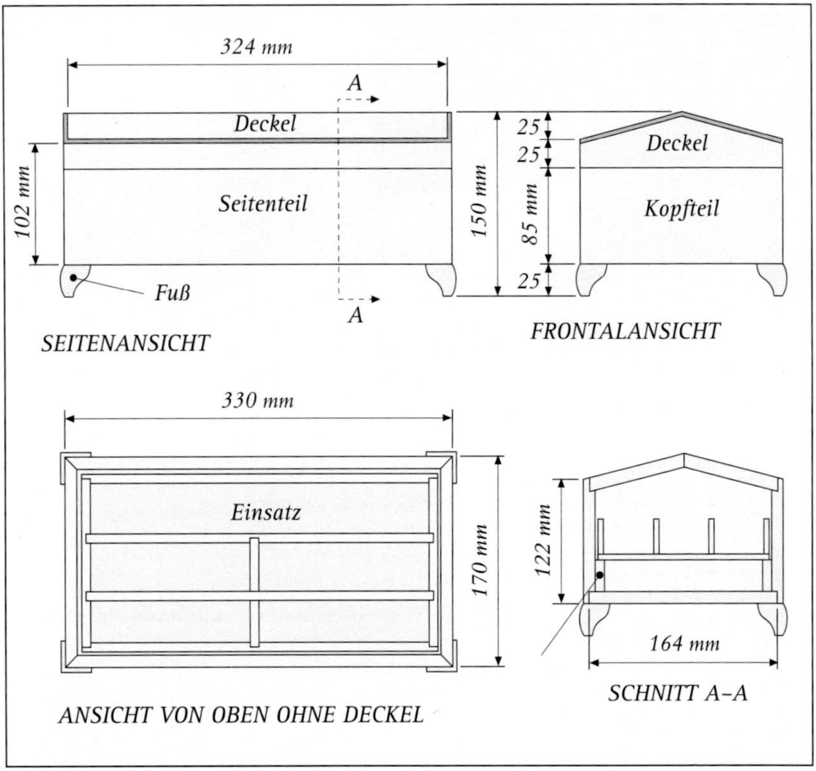

5 mm tiefen Falz einarbeiten. In die Unterkanten Falze von 7 mm Breite und 10 mm Tiefe einarbeiten. Alle Gehrungen auf Passung prüfen, zusammengehörige Stöße numerieren.

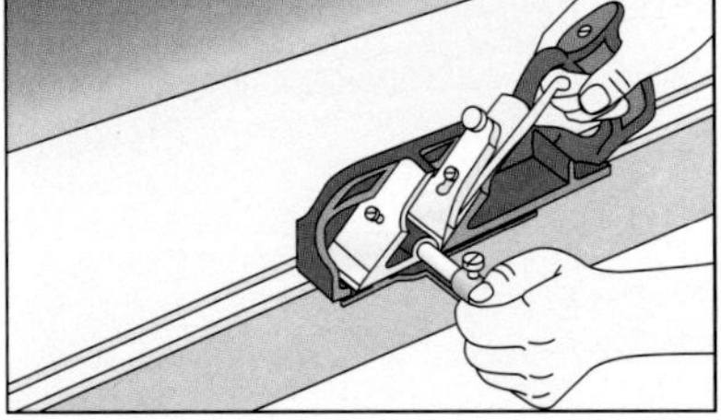

6 Schneiden Sie die Falze mit dem Simshobel in die Unterkanten der Seitenteile.

7 Von den 100 x 16-mm-Brettern zwei Stücke zu 340 mm Länge für den Boden des Kästchens abschneiden. Beide Brettchen jeweils an einer Kante sorgfältig planhobeln und an den ver-

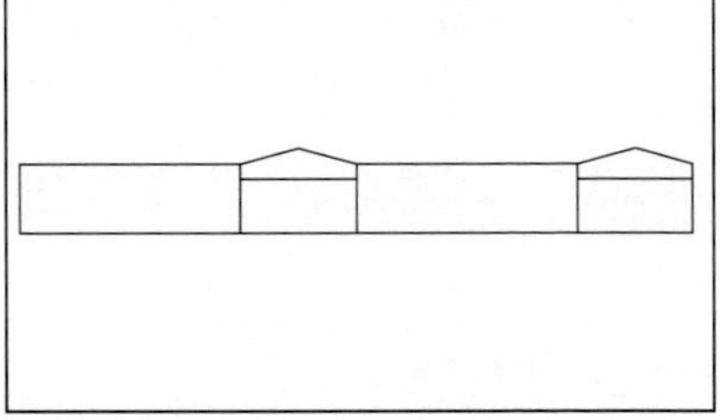

10 Legen Sie die Zargenteile mit den Außenseiten nach oben auf und prüfen Sie die Größen.

Stückliste*

Teil	Material	Länge	Anzahl
Seitenteile	150 x 16-mm-Schnittholz	330 mm	2
Kopfteile	150 x 16-mm-Schnittholz	170 mm	2
Boden	100 x 16-mm-Schnittholz	324 mm	2
Deckel	100 x 16-mm-Schnittholz	324 mm	2
Anleimer (Seiten)	38 x 25-mm-Schnittholz	330 mm	2
Anleimer (Kopf)	38 x 25-mm-Schnittholz	90 mm	4
Füße	38 x 25-mm-Schnittholz	25 mm	8
Einsatzauflagen	125 x 10-mm-Schnittholz	30 mm	4
Seiten (Einsatz)	125 x 10-mm-Schnittholz	307 mm	2
Kopfteile (Einsatz)	125 x 10-mm-Schnittholz	143 mm	2
Längsteiler	125 x 10-mm-Schnittholz	299 mm	2
Querteiler	125 x 10-mm-Schnittholz	92 mm	1
Einsatzboden	125 x 10-mm-Schnittholz	303 mm	2

Außerdem: Weißleim; 25-mm-Klebeband; Zweikomponenten-Epoxydharz; Schleifpapier: ein Bogen 120er Körnung, je zwei Bogen 180er Körnung, 240er Körnung, 600er Körnung, naß und trocken; zwei Messingscharniere, ca. 25 mm breit, eine Überwurffalle, Messing, etwa 25 mm breit; Messingschrauben zum Befestigen (manchmal im Lieferumfang enthalten)

* Schnittholzmaße lassen sich nur ungefähr angeben (siehe Seite 5).
Maße des fertigen Werkstücks (ohne Füße): Länge: 330 mm; Breite: 170 mm; Höhe: 135 mm.

säuberten Kanten zusammenlegen, um sicherzustellen, daß sie genau gleich dick sind. Eventuell nacharbeiten. Die Bodenteile verleimen und bis zum Trocknen mit 30-cm-Zwingen einspannen.

8 In gleicher Weise zwei 340 mm lange Stücke für den Deckel zuschneiden. Den Giebelwinkel mit einer Schmiege abnehmen und auf die Stirnseiten der Brettchen übertragen. Die Seitenkanten der Brettchen im Winkel bis zum Riß abhobeln. Dabei immer wieder mit der Schmiege den Winkel prüfen.

SCHMUCKKÄSTCHEN ZUSAMMENBAUEN

9 Den Boden ausspannen und auf gleichmäßige Dicke prüfen. Mit dem Hobel eine Kante exakt rechtwinklig hobeln. Am einen Ende einen rechten Winkel anreißen. Den Riß mit dem

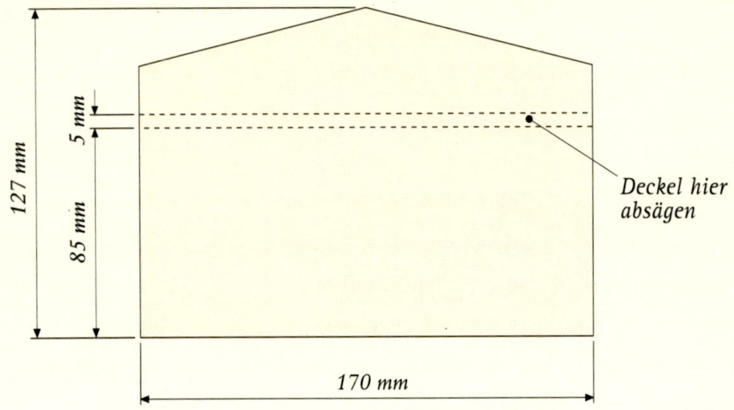

SCHABLONE FÜR KOPFTEILE

Klingenmesser nachschneiden und zurechthobeln.

10 Die Zargenteile auf der Werkbank mit den Außenseiten nach oben in der richtigen Folge aneinanderlegen. Noch einmal kontrollieren, ob die Stöße genau passen. Die Stöße exakt ausrichten und mit Klebeband verbinden. Die Zarge aufstellen und prüfen, ob sie im rechten Winkel ist.

11 Die Größe der exakt rechtwinklig ausgerichteten Zarge auf die Bodenplatte übertragen. Mit der Feinsäge die Bodenplatte grob zuschneiden und die Kanten mit dem Hobel bestoßen, bis sich die Bodenplatte genau passend in den unteren Falz der Zarge einsetzen läßt. Den Boden rundum in 4 mm Abstand zu den Kanten anreißen, die Löcher für die Schrauben markieren und mit einem 3-mm-Bohrer bohren.

12 An die Flächen der Gehrungen Leim angeben und die Zarge um den Boden herum zusammenfügen, so daß sie im rechten Winkel ist. Die vierte Seitenkante ebenfalls mit Klebeband fixieren. Darauf achten, daß die Falze exakt aufeinandertreffen und die Zarge mit dem Bandspanner bis zum Trocknen des Leims einspannen.

DECKEL FERTIGSTELLEN

13 Die Länge der beiden Deckelteile anreißen und die Brettchen mit der Feinsäge ablängen. Die Deckelteile an den Stirnseiten sorgfältig versäubern.

14 Eine Schmiege auf den Winkel einstellen, in dem die Deckelteile auf die untere Falzkante der Seitenteile stoßen (siehe Schema rechts oben). Diesen Winkel auf die Außenkanten der Deckelteile übertragen und die Außenkanten im Winkel abhobeln, bis

sie exakt im Falz aufliegen. Dabei den korrekten Sitz immer wieder prüfen.

15 Nach Trocknen des Leims die Zarge aus dem Bandspanner nehmen und den Boden abnehmen. Die Deckelbrettchen einzeln einsetzen und auf korrekten Sitz im Falz der Seitenteile prüfen. Die Schmiege auf den Winkel einstellen, in dem die Deckelbrettchen in der Giebelspitze aufeinanderstoßen und diesen Winkel auf die Stoßkanten der Deckelbrettchen übertragen. Beide Deckelbrettchen vorsichtig im Winkel so weit abhobeln, daß die Stoßkanten exakt in der Giebelspitze aufeinanderliegen.

16 Die Zarge wenden, Leim in die unteren Falze angeben, den Boden einlegen und mit den 3,0 x 20-Spanplattenschrauben fixieren. Die Zarge auf den Boden stellen, Leim in die oberen Falze sowie an die Stirn- und Innenkanten der Deckelbretter angeben. Diese sorgfältig einpassen, mit einem leichten Gewicht beschweren und trocknen lassen.

ANLEIMER ANBRINGEN

17 Von der längeren der 38 x 25-mm-Holzleisten 25 cm abschneiden. Der Rest sollte etwa 35 cm lang sein. Das Streichmaß auf 5 mm einstellen und auf allen vier Kanten jeweils von beiden Seiten eine Linie anreißen. Innen an den Linien entlangschneiden. Das geht am besten mit der Tischkreissäge, zur Not mit der Stichsäge. So erhalten Sie vier Leisten 5 x 5 mm.

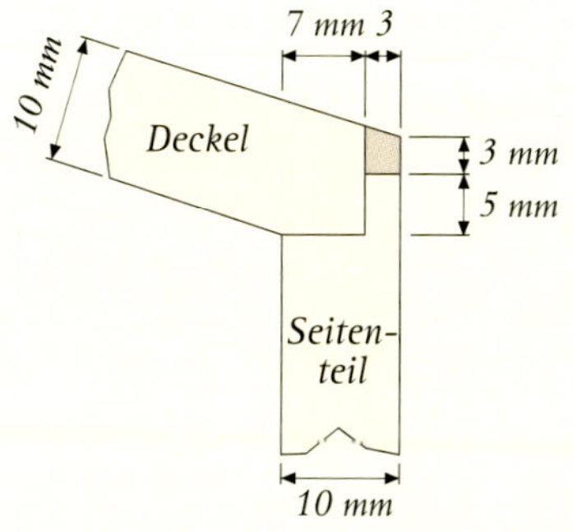

DETAIL ANLEIMER

18 Die Leisten mit der Schnittseite nach außen in die Falze, die von den Seitenwänden und den Deckelbrettern gebildet werden, legen und die Länge anreißen. Schneiden Sie die Leisten mit der Feinsäge, besser noch mit der Gehrungssäge, auf Gehrung.

19 Verfahren Sie mit den Leisten für die Stirnwände auf die gleiche Weise. Längen Sie diese zunächst im Winkel des Giebels (Schmiege zum Anreißen benutzen!) an der Außenseite ab. Schneiden Sie dann die Gehrung zu den seitlichen Anleimern. Diese Arbeit erfordert einiges Geschick. Versuchen Sie nicht, eine verschnittene Leiste zu reparieren, sondern schneiden Sie eine neue zu. Das Material ist reichlich bemessen. Die einzelnen Anleimer numerieren. Sobald alles paßt, die Anleimer in die Falze leimen und mit Klebeband sichern.

20 Nach dem Trocknen die Anleimer bündig abschleifen und mit einer Ziehklinge glätten.

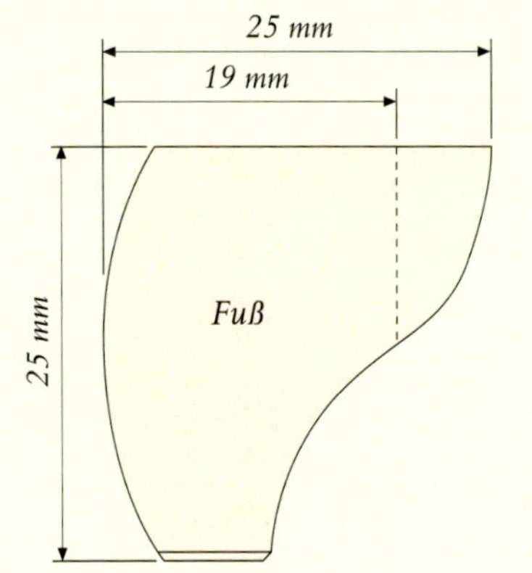

SCHABLONE FÜR FÜSSE

FÜSSE HERSTELLEN

21 Das 38 x 25-mm-Holz auf 25 x 19 mm abrichten und acht gleiche Abschnitte von 25 mm anreißen. Dabei jeweils 5 mm für den Schnitt zugeben. Ablängen und die Einzelsegmente paarweise so zusammenstellen, daß die Maserung möglichst miteinander harmoniert, da jedes dieser Paare einen Fuß ergibt. Im Hirnholz Gehrungen anreißen, wie in der Abbildung unten gezeigt, die Risse mit dem Klingenmesser nachschneiden. Die einzelnen Segmente nacheinander einspannen und die Gehrungen mit der Feinsäge schneiden.

22 Die Fußpaare auf einem Streifen Klebeband aneinanderfügen, wie unten gezeigt. An die Gehrungsflächen Leim angeben und die Teile zusammendrücken. Bis zum Abbinden mit Gummiringen sichern. Inzwischen mit Hilfe eines Zirkels entsprechend der Abbildung oben Kartonschablonen anfertigen und die Konturen auf die Außenflächen der Füße übertragen. Dabei liegt die flache Rundung an der Außenkante, die s-förmige jeweils an den Innenkante. Die Füße einspannen und die Konturen mit der Laubsäge ausschneiden. Die Linien mit Rund- und Flachfeile nacharbeiten und jeden Fuß mit 120er Schleifpapier in Form schleifen. Das ist eine sehr mühselige Arbeit, die mit einem auf die Werkbank aufgespannten Bandschleifer leichter von der Hand geht.

DEN DECKEL ABSCHNEIDEN

23 An allen Ecken der Zarge von unten 85 und 90 mm abmessen und markieren. Die Punkte mit Linien verbinden. Alle vier Seiten der Zarge innerhalb dieser beiden Linien durchschneiden. Das geht am besten mit einer auf 12 mm Schnitthöhe und gut 85 mm Seitenanschlag eingestellten Tischkreissäge. Notfalls tut es auch die elektrische Stichsäge. Auf jeden Fall die Kanten mit der Stichsäge leicht einsägen, weil auf diese Weise das Holz nicht so leicht ausbricht. Die Schnittflächen erst mit dem Hobel bestoßen, dann mit Schleifpapier absolut plan schleifen.

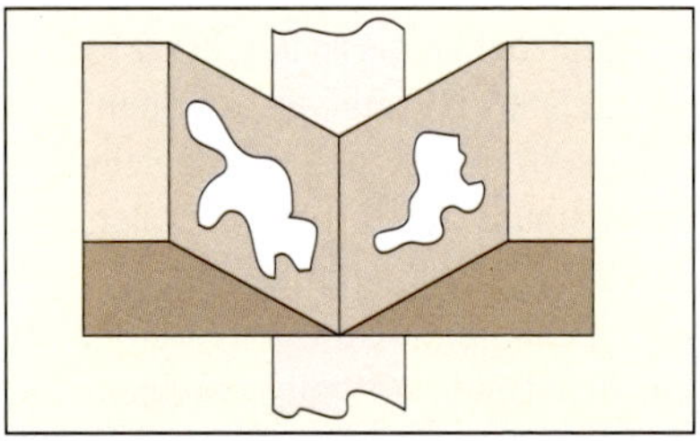
22 Geben Sie Leim auf die Gehrungsflächen und setzen Sie die beiden Teile zu einem Fuß zusammen.

EINSATZ VORBEREITEN

24 Den Innenraum des Kästchens ausmessen und nötigenfalls die Maße anpassen. Die 125 x 10-mm-Brettchen auf 6 mm Dicke abrichten.

25 Das Bodenbrett auf einer Seite mit dem Hobel plan hobeln. An einem Ende mit dem Anschlagwinkel eine rechtwinklige Linie anreißen. Von der Linie aus die ausgemessene Länge des Einsatzes anreißen und ebenfalls mit einer rechtwinkligen Linie markieren. Das Brett mit etwas Übermaß ausschneiden. Für das zweite Bodenteil auf dem Verschnitt einen 35 mm breiten Streifen anreißen und mit Kreis- oder Stichsäge ausschneiden. Entsprechend dem ersten Bodenteil die Länge anreißen und zuschneiden. Beide Teile mit Zulagen bündig zusammenspannen und die Stirnkanten auf die gemessene Länge bestoßen.
An die versäuberten Kanten Leim angeben und die Teile bündig aneinanderleimen. Bis zum Trocknen des Leims mit Zwingen einspannen. Austretenden Leim mit einem feuchten Lappen abwischen.

26 Aus dem übrigen 6 mm dicken Holz zwei Stücke ausschneiden, das eine 320 mm, das andere 580 mm lang. Das kürzere Stück an einer Längskante geradehobeln. Auf diesem Brett einen 35 mm breiten Streifen anreißen und ausschneiden. Den Verschnitt aufheben. Das größere Stück ebenfalls an einer Kante planhobeln und für die Unterteilung in zwei Streifen von je 30 mm Breite schneiden.

27 Auf dem 35-mm-Streifen die Länge des Einsatzes mit 3 mm Untermaß gegenüber dem Innenmaß des Kästchens anreißen (planmäßig 307 mm). Die Risse mit dem Klingenmesser vorschneiden und mit der Feinsäge schneiden. Die Stirnwände des Einsatzes in gleicher Weise ablängen. Sie sollen gegenüber dem Innenmaß des Kästchens 7 mm Untermaß aufweisen (planmäßig 143 mm).

28 Die Trennwände auf dem 30 mm breiten Streifen abmessen und ausschneiden.

29 In die Unterkanten der Seitenteile Falze von 6 mm Breite und 4 mm Tiefe einfräsen oder mit dem Simshobel hobeln.

30 An die Enden der Seitenteile die Stirnflächen der Endteile bündig anlegen, um die Breite des Falzes zu bestimmen. Die Falzbreite innen anreißen und über die Ecken herunterwinkeln. Markieren Sie auf die gleiche Weise die Position der Nuten zur Aufnahme der Längstrennwände. Die Falze 4 mm und die Nuten 2 mm herunterwinkeln, um die Tiefen zu markieren. Prüfen Sie die Risse noch einmal, ehe die Teile auf der Arbeitsfläche ausgelegt und entlang den Rissen mit dem Klingenmesser vorgeschnitten werden.

31 Die Seiten- und Stirnwände fest an einen Bankhaken anlegen und die Falze sowie die Nuten mit der Feinsäge einschneiden. Dann die Seitenwände auf die Werkbank spannen und die

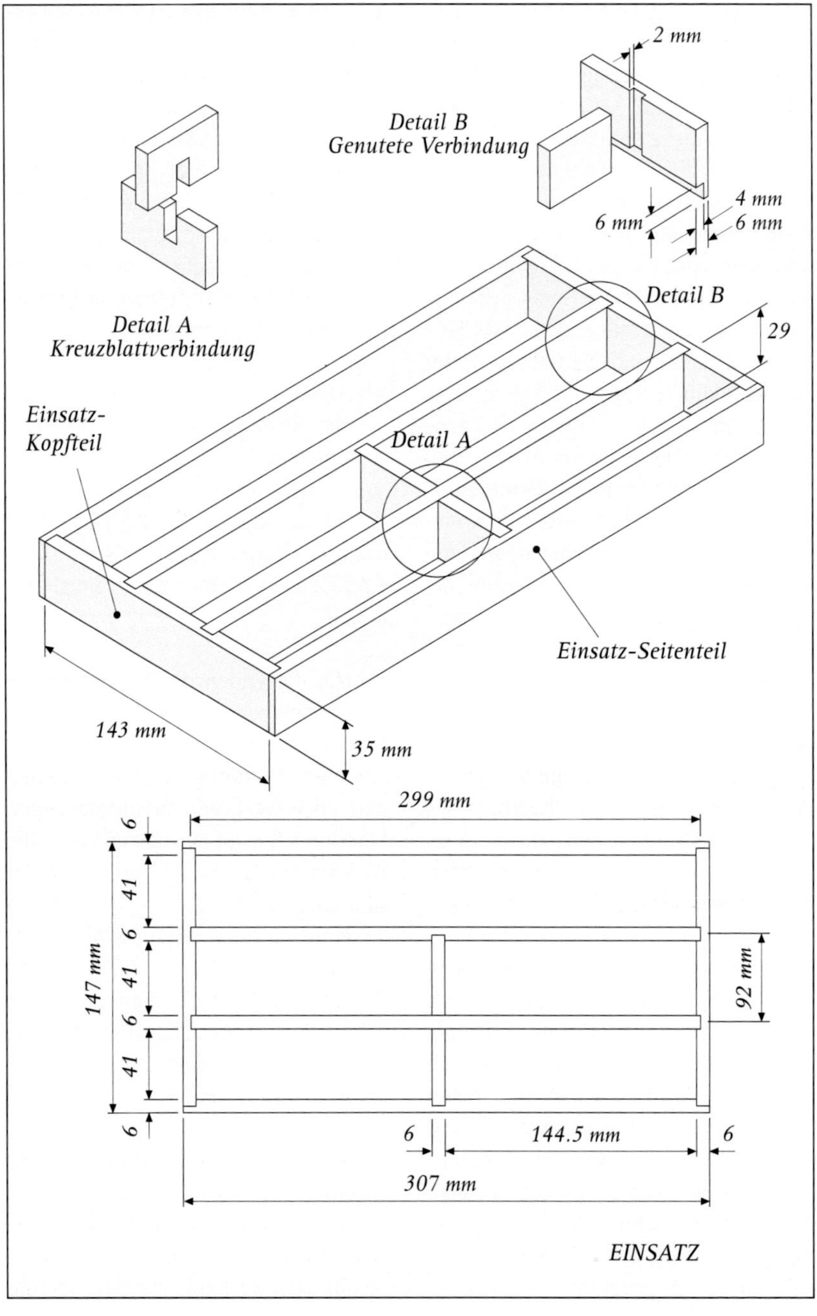
2 mm
Detail B
Genutete Verbindung
4 mm
6 mm
6 mm
Detail A
Kreuzblattverbindung
Detail B
29
Einsatz-
Kopfteil
Detail A
Einsatz-Seitenteil
143 mm
35 mm
299 mm
6
41
6
41
6
41
6
147 mm
92 mm
6
144.5 mm
6
307 mm
EINSATZ

Falze mit einem 25-mm-Stechbeitel ausstechen. Diesen Vorgang an allen vier Enden der Seitenwände wiederholen. Die Nuten in der gleichen Weise mit einem 6-mm-Stechbeitel ausarbeiten. Die Abschlußkanten der Trennwände sorgfältig beschleifen.

EINSATZ ZUSAMMENBAUEN

32 Die Position des Querteilers an den beiden Längsteilern und der einen Seitenwand anreißen. Der Querteiler wird mit dem einen Längsteiler über eine Kreuzblattverbindung verbunden (siehe auch linke Seite, Detail A). Die Schlitze für die Kreuzblattverbindung mit der Feinsäge ausschneiden und mit dem 6-mm-Stechbeitel ausstemmen. Die Teiler probeweise zusammenfügen und die Schlitze nach Bedarf nachschleifen. Die Kreuzblattverbindung soll sich leicht, aber ohne Spiel zusammenfügen lassen. Die übrigen Risse mit dem Klingenmesser nachschneiden, die Nuten mit der Feinsäge schneiden und mit dem 6-mm-Stechbeitel ausstemmen. Den Einsatz probeweise zusammensetzen, dabei die Seitenteile mit Schraubzwingen sichern. Alle Verbindungen auf Exaktheit und guten Sitz prüfen und erforderlichenfalls nacharbeiten.

33 Den Boden des Einsatzes auf zwei aneinanderstoßenden Seiten exakt rechtwinklig schneiden und bestoßen. Die Innenmaße des Einsatzes plus 4 mm auf allen Seiten (für die Falze) anreißen und ausschneiden. Die Kanten des Bodens beschleifen und an dem mit Zwingen zusammengehaltenen Einsatz auf sauberen Sitz prüfen. Ebenso prüfen, ob sich der Einsatz ohne zu klemmen in das Schmuckkästchen einführen läßt. Den Einsatz wieder zerlegen und alle Teile erst mit 180er, dann mit 240er Schleifpapier schleifen. Nun den Rahmen und die Teiler des Einsatzes unter Leimzugabe zusammenfügen und einspannen. Dann das Ganze wenden, den Boden einleimen und bis zum Trocknen beschweren.

34 Vier Blöcke von 30 x 5 x 5 mm zuschneiden und als Auflagen für den Einsatz in die unteren Ecken des Kästchens leimen. Die Füße mit Zweikomponenten-Klebharz anleimen.

FERTIGSTELLEN

35 Die Position der Scharniere 5 cm von den Außenkanten entfernt anreißen. Die Schraubenlöcher auf Kästchen und Deckel markieren und vorstechen. Den vorderen Beschlag mittig ausrichten und die Schraubenlöcher ebenfalls vorstechen. Sämtliche Holzteile mit 180er Schleifpapier in Faserrichtung schleifen. Mit einem feuchten Schwamm wässern und trocknen lassen. Dann mit 240er Schleifpapier noch einmal schleifen und sorgfältig entstauben.

36 Mit einem weichen Lappen auf alle Holzteile Wachs oder Wachsbeize auftragen. Nach dem Trocknen mit einer Bürste auf Seidenglanz polieren. Zuletzt die Beschläge mit den mitgelieferten oder passenden Schrauben eindrehen und befestigen.

Rollencontainer

Der fröhlich bunt bemalte Rollencontainer läßt sich leicht an einem Wochenende bauen. Er besteht aus MDF und wird mit einem einfachen Schablonenmotiv verziert.

Stückliste*

Teil	Material	Länge	Breite	Anzahl
Grundplatte	16-mm-MDF	700 mm	500 mm	1
Seitenteile	16-mm-MDF	650 mm	384 mm	2
Kopfteile	16-mm-MDF	417 mm	320 mm	2
Verstärkung	25-mm-Profilleiste	319 mm		4

Außerdem: Weißleim; vier kleine Laufrollen; acht 40-mm-Spanplattenschrauben; 16 6 x 15-mm-Senkkopf-Holzschrauben; 20 40-mm-Stahlstifte; Schleifpapier: ein Bogen Körnung 100, ein Bogen Körnung 240; 400 x 120 mm Karton; Acryllack in beliebiger Farbe, hochglänzend oder seidenglänzend

* Maße des fertigen Werkstücks: Länge: 700 mm; Breite: 500 mm; Höhe: 416 mm.

PLATTEN VORBEREITEN

1 Mit Hilfe von Meterstab, Anschlagwinkel und Zeichendreieck die einzelnen Teile mit 5 mm Übermaß auf der MDF-Platte anreißen.

2 Die Bauteile an der Außenkante der Risse entlang mit der Kreissäge ausschneiden. Eine Führungsleiste auf der Platte befestigen, um einen geraden Schnitt zu erzielen. Gegenüberliegende Seitenwände bündig zusammenspannen, Kanten beschleifen.

OBERKANTE FORMEN

3 Auf den Seitenteilen mittig eine senkrechte Linie markieren. Aus festem Karton ein 350 x 64 mm großes, rechtwinkliges Stück zuschneiden und entsprechend der Abbildung unten eine Kurve anzeichnen. Die Schablone ausschneiden, an die Senkrechte auf der Platte anlegen und die Kurve nachzeichnen. Schablone wenden und die andere Hälfte zeichnen.

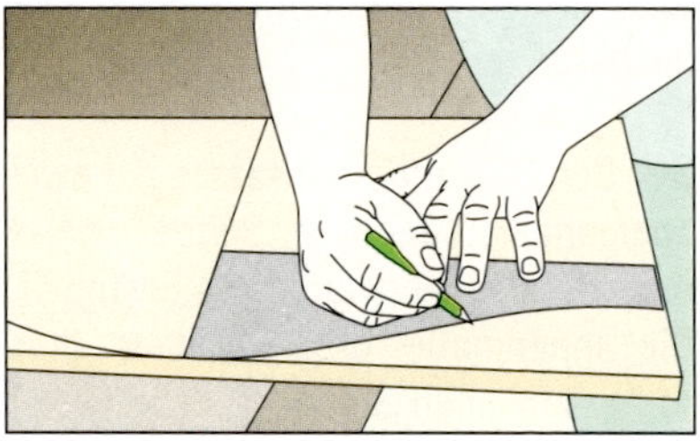

3 Die Schablone wenden und die Kurve auf der anderen Seite der Hilfslinie anzeichnen.

Dieser Rollencontainer ist vielseitig einsetzbar, eignet sich aber besonders zur Aufbewahrung von Spielzeug. Form und Größe lassen sich beliebig variieren, ebenso die Dekoration.

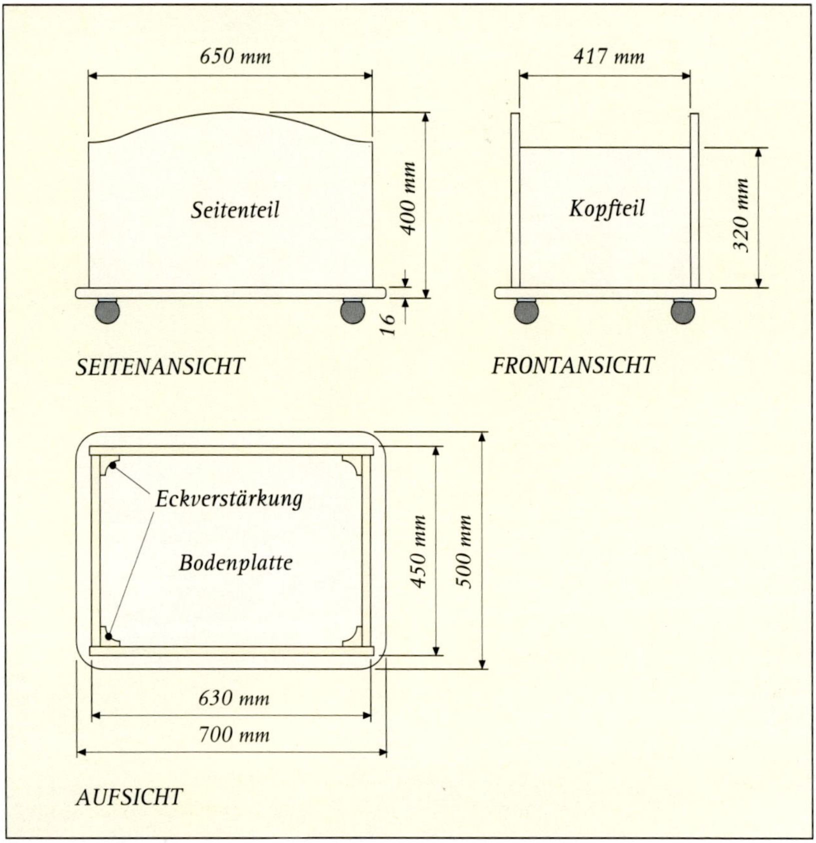

4 Mit einer Stichsäge den Formschnitt an den bündig zusammengespannten Seitenwänden durchführen und die Schnittkanten mit Schleifpapier beschleifen. Die zusammengespannten Seitenteile wieder voneinander lösen. An den seitlichen Kanten in 18 mm Abstand zu den Kanten Linien anreißen und diese über die Kanten herunterwinkeln.

KASTEN ZUSAMMENBAUEN

5 In jede der vier Linien auf beiden Seiten und in der Mitte jeweils drei Nägel so einschlagen, daß die Spitzen gerade durch die Rückseite stoßen. An die Kante eines Kopfteils Leim angeben, ein Seiten- und ein Kopfteil senkrecht zueinander auf die Arbeitsfläche stellen und die beleimte Kante exakt mittig an der Linie eines Seitenteils ausrichten. Die Nägel jetzt vollständig einschlagen. Auf die gleiche Weise auch die übrigen drei Eckverbindungen herstellen.

6 Den Kasten hochkant auf ein Seitenteil legen und mit einem Winkel

Werkzeuge

- Schlichthobel
- Handkreissäge
- Meterstab
- Anschlagwinkel und Bleistift
- Elektrische Stichsäge
- Hammer
- Elektrische Bohrmaschine
- Bohrer: 2 mm, 3 mm, 5 mm, Versenker
- Klingenmesser und Scheren
- Schleifklotz aus Kork, besser noch: Schwingschleifer
- Schraubendreher
- Schablonierpinsel

exakt rechtwinklig ausrichten. Ein Stück Holz diagonal annageln, um den Kasten im Winkel zu halten. Bis zum Trocknen des Leims das obere Seitenteil mit einem Gewicht beschweren.

7 Die Rundungen an den Ecken der Bodenplatte anzeichnen, ausschneiden und beschleifen. In 33 mm Abstand zu den Längskanten Linien anreißen und mittig sowie in jeweils 250 mm Abstand 5-mm-Schraubenlöcher bohren. Mit dem Versenker nacharbeiten. An den Querseiten die Linie in 43 mm Abstand zur Kante anreißen und mittig je ein Schraubenloch bohren.

8 Die Diagonalstütze von der Zarge abnehmen und diese auf den Kopf stellen. Die Bodenplatte auf der Unterseite zentriert ausrichten. Die Schraubverbindungen mit einem 3-mm-Bohrer vorbohren und die Schrauben eindrehen.

9 Die Eckverstärkungen ablängen, schleifen und einleimen. Bis zum Trocknen des Leimes mit Klebeband fixieren. Den Kasten umdrehen und die Laufrollen mit 6 x 16-mm-Spanplattenschrauben anschrauben.

FERTIGSTELLEN

10 Den Container mit Acryllack vorstreichen. Nach dem Trocknen mit 240er Schleifpapier schleifen, entstauben und den Endanstrich auftragen. Das Motiv auf S. 64 im Kopierer vergrößern, auf Pappe aufkleben, ausschneiden und mit einem Schablonierpinsel aufschablonieren.

6 Damit die Zarge im rechten Winkel bleibt, nageln Sie ein Stück Holz diagonal an die Unterkante.

11 Die Löcher für die Schrauben der Rollen mit einem 2-mm-Bohrer vorbohren.

Die berühmten Schatztruhen vergangener Jahrhunderte gaben die Anregung für diese klassisch geformte Truhe mit antiken Formen nachempfundenen Beschlägen. Lärchenholz eignet sich als Material.

Truhe mit rundem Deckel

Diese stabile Truhe ist ein Blickfang und bietet darüber hinaus eine Menge Stauraum. Die runde Beplankung des Deckels erfordert jedoch einiges Geschick und viel Geduld.

Werkzeuge

- Schlichthobel
- Laubsäge oder elektrische Stichsäge
- Handkreissäge und Feinsäge
- Dübellehre (optional)
- Schwingschleifer
- Anschlagwinkel und Bleistift
- Zimmererwinkel mit Gradeinteilung
- Klingenmesser
- Streichmaß
- Bohrer: 8 mm und 8-mm-Dübelbohrer, 5 mm, 3 mm, Versenker
- Schraubendreher
- Hammer
- Drei 900-mm-Schraubzwingen
- Schnellspannzwinge
- Gehrungssäge
- Schabhobel

BRETTER VORBEREITEN

1 Das 200 x 25-mm-Schnittholz auf 188 x 19 mm abrichten. Für die Seitenteile brauchen Sie zwei 710-mm-, für die Kopfteile drei 410-mm-Platten, dazu zwei 680-mm-Bretter für den Boden. Die Bretter mit einer Handkreissäge zuschneiden. Auf Rechtwinkligkeit achten. Die langen Kanten hobeln. Mit dem Zimmererwinkel die Rechtwinkligkeit prüfen.

2 Die Bretter nach Platten sortieren und mit einem Winkel markieren.

3 Auf den zusammentreffenden Kanten der Bretter für die Vorderseite, die Rückseite und den Boden mittig eine senkrechte Linie anreißen. Von jeder Seite des Zentrums 150 mm, dann 300 mm ausmessen und mit senkrechten Linien markieren, so daß sich fünf Dübelpositionen mit jeweils 150 mm Abstand ergeben. Die Dübelpositionen auf den Brettern für die Kopfteile in derselben Art markieren. Dabei bekommen die ersten beiden Bretter drei Dübellöcher mit je 150 mm Abstand und das dritte zwei Dübellöcher mit 100 mm Abstand zur Mittellinie.

4 Ein Streichmaß auf 9,5 mm einstellen und eine Linie entlang der Stoßkante eines jeden Brettes anreißen, um

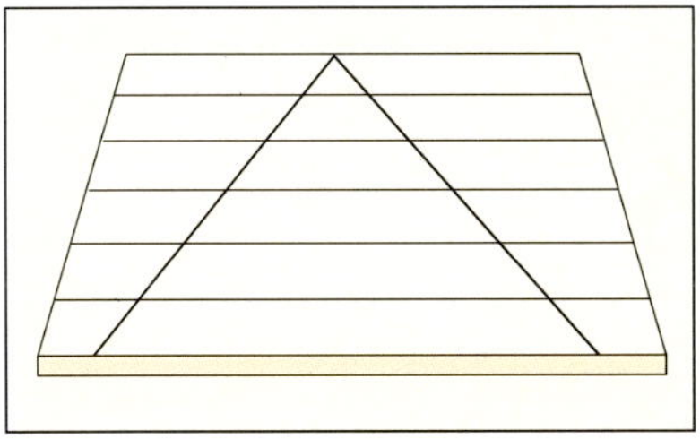

2 Brettchen für eine Platte in der richtigen Folge auflegen und mit einem Winkel markieren.

Stückliste*

Teil	Material	Länge	Anzahl
Seitenteil vorn	200 x 25-mm-Schnittholz	700 mm	2
Seitenteil hinten	200 x 25-mm-Schnittholz	700 mm	2
Stirnwände	200 x 25-mm-Schnittholz	400 mm	6
Bodenplatte	200 x 25-mm-Schnittholz	662 mm	2
Deckelplanken	125 x 25-mm-Schnittholz	659 mm	6
Deckelseitenteile	225 x 25-mm-Schnittholz	400 mm	2
Verstärkung	225 x 25-mm-Abfallholz	621 mm	2
Sockel (Seiten)	100 x 25-mm-Schnittholz	738 mm	2
Sockel (Enden)	100 x 25-mm-Schnittholz	438 mm	2

Außerdem: Weißleim; Schleifpapier: je zwei Bogen Körnung 100 und 320, drei Bogen Körnung 180; 40 8 x 40-mm Senkkopfschrauben; 10 8 x 30-mm Senkkopfschrauben; einige 30-mm-Stahlstifte; 24 8 x 6-mm-Rundholzstücke; zwei Scharniere mit Befestigungsschrauben; eine Überwurffalle mit Befestigungsschrauben; zwei Handgriffe mit Befestigungsschrauben (die Beschläge müssen nach Stil und Material zusammenpassen); 28 50 x 8-mm-Buchenholzdübel; farblose Holzlasur; Teaköl; feinste Stahlwolle

* Schnittholzmaße lassen sich nur ungefähr angeben (siehe Seite 5). Fertigmaße des Werkstücks: Länge: 738 mm; Breite: 438 mm; Höhe: 550 mm.

die Mitte der Dübellöcher zu markieren.

5 Den Anschlagring auf dem Dübelbohrer auf 26 mm Bohrtiefe einstellen. Die Bretter nacheinander auf der Werkbank einspannen, die Dübellehre nach Herstelleranweisung ansetzen und die Dübellöcher bohren.

6 Die Bretter so auflegen, wie sie zu Platten verleimt werden sollen und der Reihe nach verleimen. Dazu an einer Stoßkante Leim in die Dübellöcher angeben und die Dübel mit dem Hammer einschlagen. Nun Leim in die Dübellöcher der anstoßenden Kante angeben und auch die Kante vollflächig mit Leim bestreichen. Die Bretter zusammenfügen und mit Beilagen von Abfallholz mit zwei Schraubzwingen einspannen, bis der Leim an der Stoßfuge herausquillt. Den Leim mit einem feuchten Lappen abwischen. Die Platte mit einem dicken Kantholz und der dritten Schraubzwinge auf die Arbeitsfläche spannen, damit sie sich nicht verzieht, und trocknen lassen.

7 Auf diese Weise alle Platten verleimen, an einer Kante geradehobeln, das

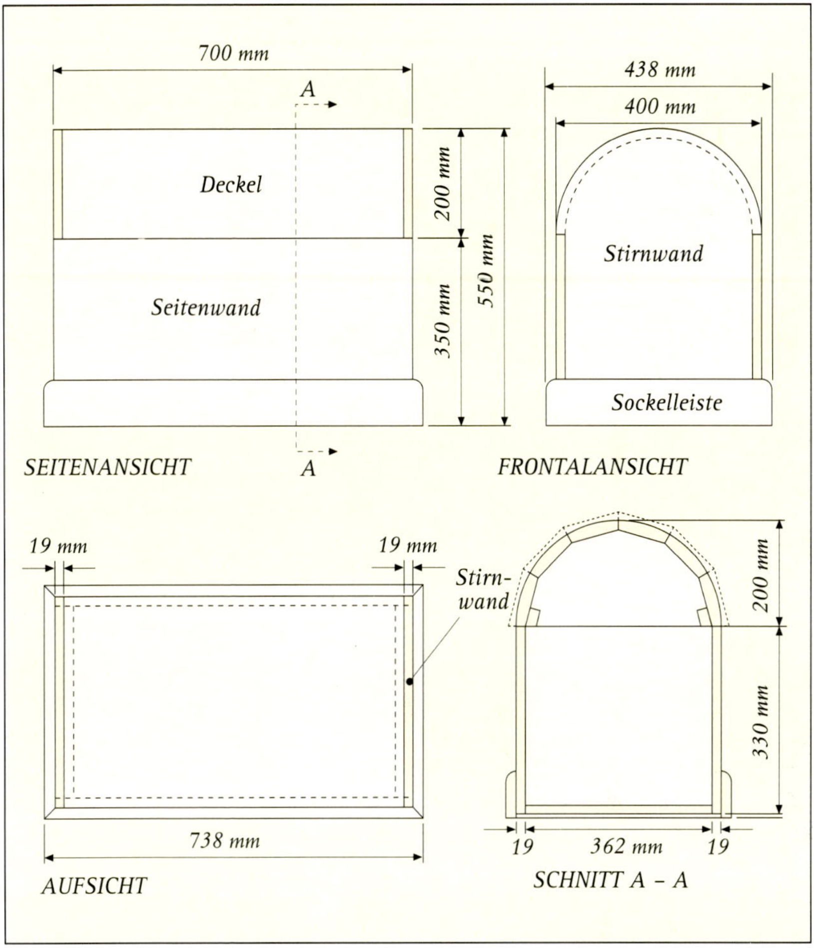

exakte Längenmaß mit Hilfe des Anschlagwinkels rechtwinklig zu dieser Kante anreißen und die Platten ablängen. Die Länge jeder Tafel und viereckiger Leisten markieren. Bei Schnitt mit der Kreissäge eine Führungsleiste auf die Platte spannen.

8 Die Breite der Seitenteile und des Bodens anreißen und jede Tafel mit

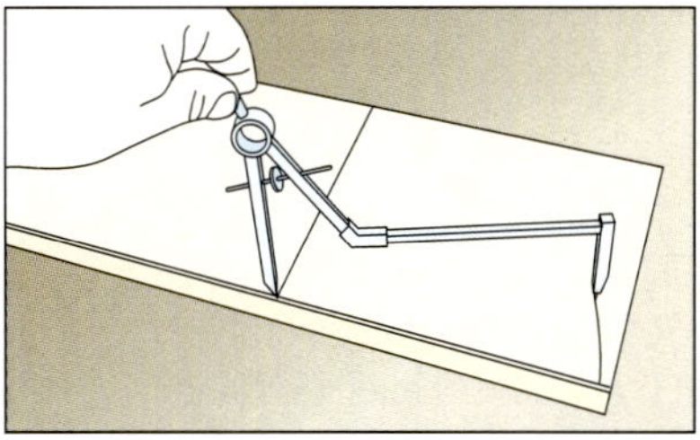

9 Für den Deckel zwei 410-mm-Platten zuschneiden und einen Halbkreis mit 188 mm Radius anreißen.

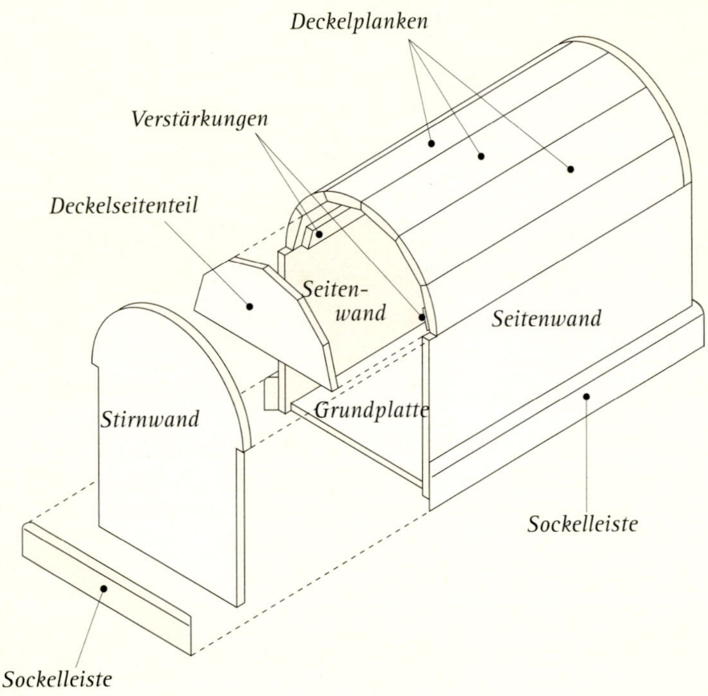

AUFBAU

etwas Übermaß zuschneiden und die Kanten mit dem Hobel versäubern.

DEN DECKEL ANFERTIGEN

9 Zwei 410 mm lange Brettchen für die Stirnwände des Deckels zuschneiden. Die Mitte ermitteln und mit einer senkrechten Linie markieren. Mit einem Zirkel von einem Endpunkt der Linie aus einen Halbkreis mit 188 mm Radius zeichnen. Auf der Kreislinie alle 30° einen Abschnitt markieren und die Punkte mit Linien verbinden (siehe Abb. auf Seite 33 oben). Auf diese Weise den Halbkreis in sechs gleiche Segmente einteilen.

10 Die Deckelseiten bündig aufeinanderlegen und mit 30-mm-Stiften zusammenheften. Die Deckelseiten mit der Stichsäge mit etwas Übermaß zuschneiden und mit dem Hobel genau maßhaltig hobeln.

11 Auf dem 125 x 25-mm-Schnittholz die Längen der Deckelplanken anreißen. Die Planken mit etwas Übermaß ablängen, bündig einspannen und auf beiden Stirnseiten maßhaltig mit dem Hobel bestoßen. Eine Schmiege auf 75° einstellen und diesen Winkel an einer Kante im Hirnholz einer jeden Planke anreißen. Die Endpunkte der

Linien verbinden. Jedes Brett in der Hobelbank einspannen und sorgfältig eine Kante mit dem Hobel abschrägen, aber noch nicht beide Kanten abschrägen.

12 Von den Enden der Seitenwände des Deckels ausgehend die Breite der einzelnen Planken durch Anlegen bestimmen. Die Breiten können geringfügig variieren. Die exakte Breite anreißen und wie in Schritt 11 beschrieben einen 75°-Winkel anreißen. Die jeweilige Planke einspannen und die Kante winkelig hobeln. Die beiden obersten Bretter des Deckels noch nicht einpassen.

13 Von beiden Enden der Planken 10 mm abmessen und mit einer Linie markieren. Jeweils mittig 8-mm-Löcher 6 mm tief bohren – am besten mit einem Bohrständer. Dann mit einem 5-mm-Bohrer durchbohren.

14 Bei einem Deckelende auf den Kanten der untersten Abschnitte Leim angeben, die Planken anlegen und festschrauben. In gleicher Weise am anderen Deckelende befestigen. Darauf achten, daß die Planken unten mit dem Deckelende bündig abschließen. Den herausquellenden Leim mit einem feuchten Tuch abwischen. Die beiden anschließenden Planken in gleicher Weise verleimen und verschrauben und das Ganze trocknen lassen. Die obersten zwei Planken so einpassen, daß sie ohne Fugen aneinander- und gleichzeitig an die bereits befestigten stoßen. Die Planken einleimen, anschrauben und trocknen lassen.

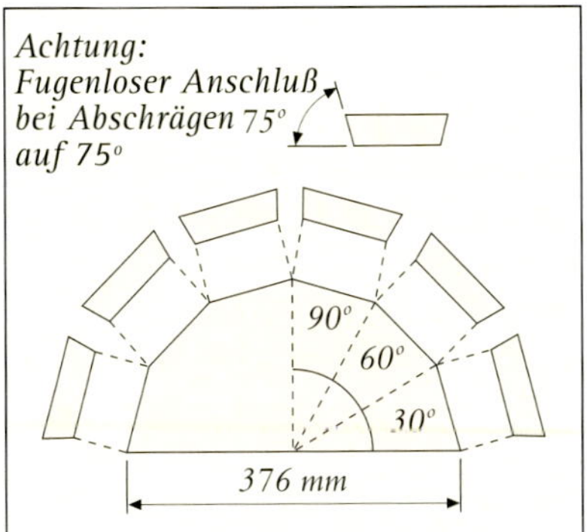

FRONTANSICHT DER BEPLANKUNG DES DECKELS

STIRNWÄNDE ZUSCHNEIDEN

15 Die Kanten der Stirnwände auf Rechtwinkligkeit prüfen und gegebe-

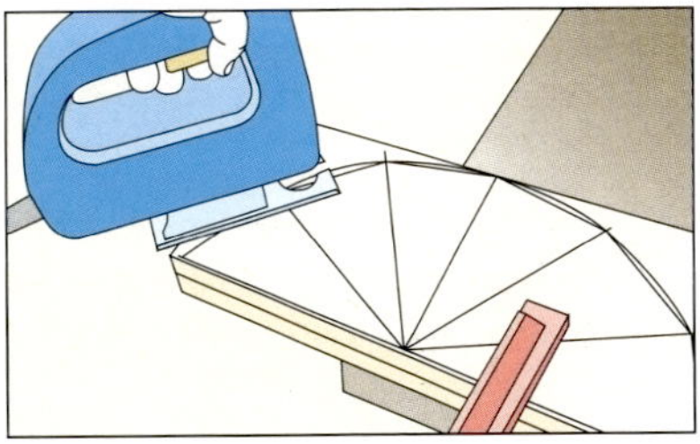

10 Die Deckelseiten mit einer Stichsäge grob zuschneiden und auf Maß hobeln.

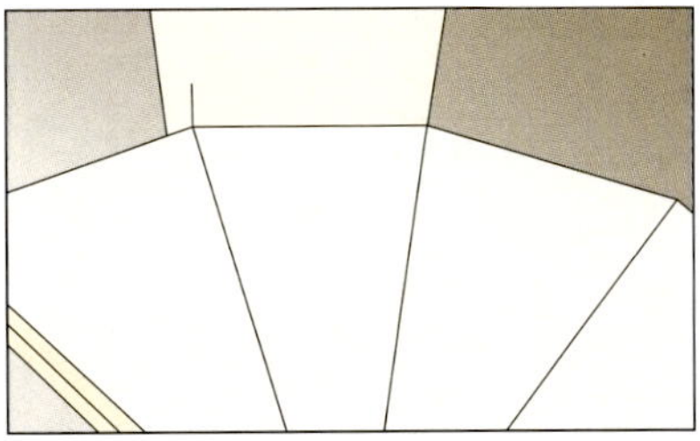

12 Anhand der Segmente die Innenbreite der Planken bestimmen und mit einer Linie markieren.

nenfalls nacharbeiten. Die Mitte mit einer Linie markieren und von unten 340 mm nach oben messen. Von diesem Mittelpunkt aus einen Halbkreis mit 200 mm Radius schlagen, der die Rundung der Stirnwände markiert. Unterhalb des Halbkreises an beiden Seitenkanten eine Linie in 19 mm Abstand zur Kante anreißen. Am oberen Ende zur Kante hin abwinkeln. Die Risse mit dem Klingenmesser nachschneiden.

16 Mit einer Stichsäge die Rundungen der Stirnwände sorgfältig mit etwas Übermaß ausschneiden, dann die eingezogenen Seiten schneiden. Diese bis auf die Messerlinien zurückhobeln. Die Ecken mit einem scharfen Stechbeitel nacharbeiten.

TRUHE ZUSAMMENBAUEN

17 An jedem Ende der Seitenwände im Abstand von 10 mm zur Kante und in regelmäßen Abständen jeweils fünf Schraubenlöcher anreißen. Dabei auf beiden Seiten 50 mm Abstand zu den Kanten lassen. An den Unterkanten in je 250 mm Abstand zu den Ecken Schraubenlöcher anreißen und jeweils 250 mm nach innen zwei weitere. An den Unterkanten der Stirnwände je zwei Schraubenlöcher mit 125 mm Abstand zu den Mittellinien anreißen. Überprüfen, ob die Markierungen jeweils alle auf einer Linie liegen. Alle Bohrungen mit einem 8-mm-Bohrer 6 mm tief ausführen und mit einem 5-mm-Bohrer durchbohren.

16 Rundung der Stirnseiten mit einer Stichsäge sorgfältig zuschneiden und Einzüge für Seiten aussägen.

18 An die Stirnkanten der Bodenplatte Leim angeben, die Stirnwände daran anlegen und exakt ausrichten. Durch die Bohrungen mit einem 3-mm-Bohrer vorbohren und 40-mm-Schrauben eindrehen. Austretenden Leim mit feuchtem Tuch abwischen. Auf die gleiche Weise die beiden Seitenteile nacheinander anbringen.

SOCKEL ANBRINGEN

19 Das entsprechende Holzstück an eine Seitenwand anhalten und die Länge einschließlich des Zuschlags für die Gehrungen anreißen. Die Gehrungen auf den Kanten und über beide Flächen anreißen, die Risse mit dem Klingenmesser nachschneiden und die Gehrungen mit der Feinsäge schneiden. Für alle Fußleisten wiederholen. Prüfen, ob die Gehrungen passen. Die Kanten oben mit dem Hobel brechen.

20 Um alle vier Innenseiten der Truhe 35 mm über der Unterkante eine Linie anreißen. Auf den Seitenteilen 250 mm links und rechts der Mitte, an den Stirnseiten mittig Schraubenlöcher markieren, mit dem 5-mm-Bohrer bohren und mit dem Versenker ausreiben.

21 Die Truhe auf die Seite legen. 80 mm über der Unterkante eine Parallellinie anreißen. Die Fläche unterhalb der Linie mit Leim einstreichen. Die Sockelleiste an der Linie ausrichten und von innen mit 30-mm-Holzschrauben anschrauben. Die übrigen Sockelleisten in gleicher Weise anbringen.

ALTERNATIVE SOCKELFORM

Statt die Sockelkanten abzurunden, können Sie mit einem Hohlkehlfräser und der Oberfräse auch eine durchgehende Hohlkehle einarbeiten. Das ist zwar aufwendiger als die beschriebene Lösung, wirkt aber noch eleganter.

DECKEL EINPASSEN

22 Mit einem scharfen Schabhobel die Rundungen der Stirnwände nacharbeiten. Dabei von der Stirnwand der Kurve nach den Seiten arbeiten. Die Enden der Deckelplanken beschleifen, bis der Deckel sauber zwischen die Stirnwände der Truhe paßt.

23 Aus Abfallholz die Verstärkungsleisten für den Deckel schneiden, einleimen und mit Beilagen einspannen. Nach dem Trocknen bündig zur Deckelunterkante hobeln.

24 Den Deckel einsetzen und genau ausrichten. Die Rundung der Kopfseiten auf das Hirnholz der Planken übertragen. Den Deckel auf der Werkbank fixieren und rundhobeln. Dabei immer wieder die Paßform prüfen. Mit dem Schwingschleifer und 100er Schleifpapier glätten. Zuletzt von Hand in Faserrichtung schleifen.

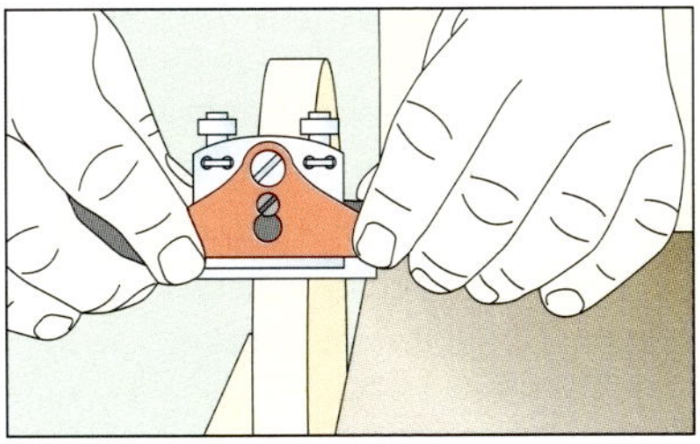

22 Mit einem scharfen Schabhobel die Rundung der Stirnseiten von oben nach unten nachbearbeiten.

FERTIGSTELLEN

25 Je ein Blatt von jedem Laschenscharnier sowie die Überwurffalle entsprechend der Deckelrundung biegen. Die Position sämtlicher Beschläge festlegen und die Schraubenlöcher entsprechend den Bohrungen in den Beschlägen markieren. Passend zu den verwendeten Schrauben vorbohren.

26 Von einem 8-mm-Rundholz exakt 5 mm lange Stücke schneiden und die Schraubenlöcher unter Leimzugabe damit schließen. Nach dem Trocknen die Überstände abschleifen. Eventuelle Risse und Spalten mit passendem Holzkitt schließen. Alle Holzflächen mit 180er Schleifpapier schleifen, wässern und mit 240er Schleifpapier nachschleifen.

27 Farblose Lasur in zwei Schichten auftragen. Mit feinster Stahlwolle zweimal mit Teaköl einreiben. Zuletzt die Beschläge anschrauben.

Nähkästchen mit Polsterdeckel

Dieses praktische Kästchen hat einen Einsatz, der zusammen mit dem Deckel angehoben wird. Zuschnitt und Zusammenbau der Teile sind unkompliziert und wenig zeitaufwendig.

Werkzeuge

- Handkreissäge
- Metallsäge
- Feinsäge
- Stechbeitel 25 mm, 10 mm
- Schraubendreher
- Schlichthobel
- Elektrische Bohrmaschine
- Bohrer 2 mm, 3 mm, 5 mm, 8 mm, Versenker
- Hammer
- Leimzwingen
- Meterstab
- Anschlagwinkel und Bleistift
- Scheren
- Pinsel
- Streichmaß
- Spachtel und Durchschlag
- Laubsäge (optional)

VORBEREITUNG

1 Sämtliche Bauteile mit Hilfe von Meterstab, Anschlagwinkel und Bleistift auf einer 16 mm starken MDF-Platte anreißen. Dabei zwischen den einzelnen Bauteilen mindestens 5 mm Abstand für die Schnittfuge lassen. Vor dem Zuschneiden die Bauteile durch Messen der beiden Diagonalen auf Rechtwinkligkeit prüfen. Nun die Teile mit der Handkreissäge mit etwas Übermaß ausschneiden. Dabei für einen geraden Schnitt jeweils eine Leiste auf die Platte spannen, an der Sie die Säge entlangführen. Alle Kanten mit dem Schlichthobel auf Maß hobeln.

2 Zum Markieren der Schraubenlöcher mit Hilfe eines Zeichendreiecks in 8 mm Abstand von den Kanten entlang der Unterkante und der Seitenkanten der Rückwand sowie der Unterkanten der beiden Seitenwände Linien anreißen. An der Unterkante der Rückwand 70 mm von beiden Seiten, dann nach je 186 mm Bohrungen anzeichnen. Die Bohrungen an den Seitenkanten liegen 50 mm von der Oberkante und weitere 85 mm nach unten. In gleicher Weise entlang den Unterkanten der Seitenteile je 50 mm von beiden Seiten und 113,5 mm nach innen Bohrungen anreißen. An den markierten Stellen mit einem 5-mm-Bohrer Löcher bohren und mit dem Versenker ausfräsen. Auf der Grundplatte Linien mit 21 mm Abstand zur Hinterkante und zu den beiden Seitenkanten anzeichnen, außerdem parallel zur Vorderkante eine Linie in 35 mm Abstand ziehen. An den Schnittpunkten mit einem 3-mm-Bohrer Löcher für die Füße bohren.

Bei diesem Projekt können Sie sich die Arbeit wesentlich erleichtern, wenn Sie sich die Bauteile beim Holzhändler oder im Baumarkt zuschneiden lassen. Die Polsterung ist auch für Anfänger zu bewältigen.

Stückliste*

Teil	Material	Länge	Breite	Anzahl
Deckel	16-mm-MDF	748 mm	408 mm	1
Frontklappe	16-mm-MDF	700 mm	270 mm	1
Seitenwände	16-mm-MDF	327 mm	270 mm	2
Rückwand	16-mm-MDF	700 mm	270 mm	1
Bodenplatte	16-mm-MDF	667 mm	327 mm	1
Einsatzseiten	10-mm-MDF	641 mm	50 mm	2
Einsatzstirnwände	10-mm-MDF	230 mm	50 mm	2
Teiler	10-mm-MDF	621 mm	50 mm	1
Teiler	10-mm-MDF	230 mm	50 mm	1
Einsatzboden	10-mm-MDF	641 mm	250 mm	1
Aufstellstützen	10-mm-MDF	118 mm	25 mm	2
Scharnierleiste	10-mm-MDF	640 mm	35 mm	1
Trägerleisten	25 x 25-mm-DAR	320 mm	19 mm	2

Außerdem: Weißleim; 60 4,0 x 15-mm-Senkkopf-Holzschrauben; 16 40-mm-Spanplattenschrauben; zwei 6 x 25-mm-Senkkopf-Holzschrauben; zwei 6 x 20-mm-Senkkopf-Holzschrauben und vier Beilagscheiben; sieben 8,0 x 30-mm-Senkkopf-Holzschrauben; 16 30-mm-Stifte; zwölf 6 x 20-mm-Holzschrauben; zwei 8-mm-Holzdübel; vier Holz-Kugelfüße, ca. 60 x 75 mm; Kontaktkleber; Zweikomponenten-Feinspachtel; Schleifpapier Körnung 180 und 240; 1,5 m Klavierband; zwei 50-mm-Scharniere mit Befestigungsschrauben; ein Magnetschloß; 750 x 410 mm Schaumstoff; Polsternägel oder 10-mm-Tackerklammern; 900 x 550 mm Möbelstoff; 2,4 m Borte

* Fertigmaße des Werkstücks: Länge: 750 mm; Breite: 408 mm; Höhe: 380 mm.

KÄSTCHEN MONTIEREN

3 Die Seitenteile mit Weißleim und 40-mm-Spanplattenschrauben an der Bodenplatte befestigen. Dann die Rückwand an der Bodenplatte und den Seitenteilen befestigen.

4 An den Vorderkanten beider Seitenteile 40 mm von der Oberkante entfernt mittig 8-mm-Dübellöcher 30 mm tief bohren. Die Dübel mit etwas Leim einsetzen. Zwei passende Löcher auf der Innenseite der Frontklappe anreißen und 10 mm tief bohren. Die Frontklappe aufstecken.

5 Das Klavierband mit der Metallsäge auf 745 mm ablängen. Das Kästchen

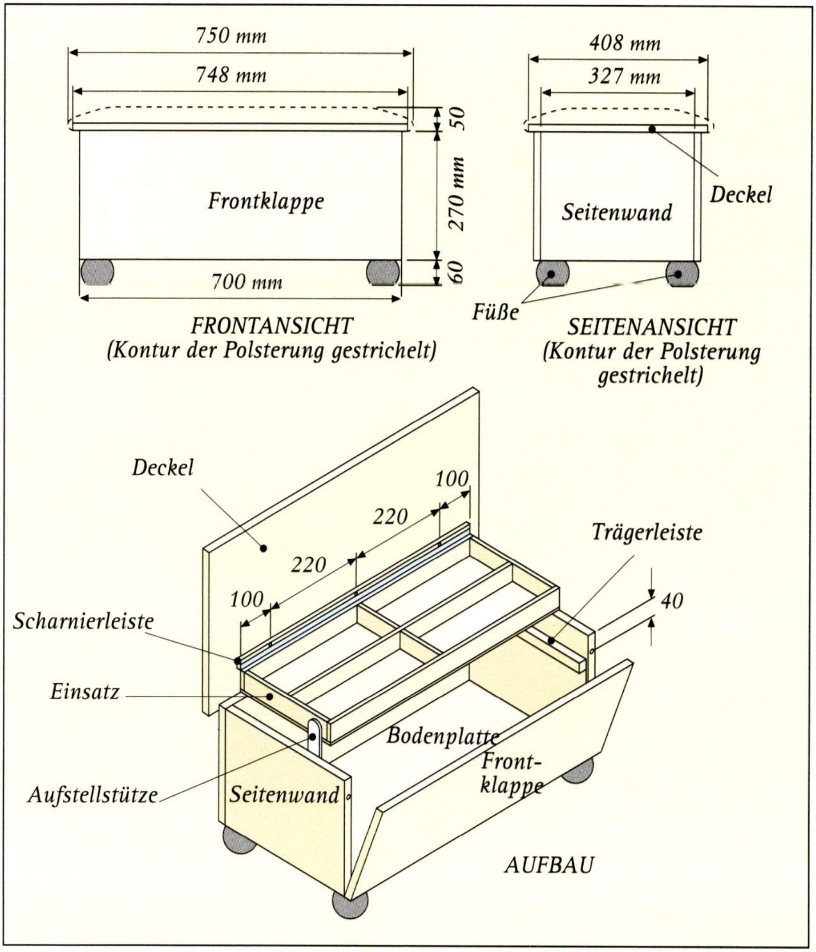

mit der Oberseite nach unten auf die Werkbank legen. Das offene Klavierband so über den Boden und die Unterkante der Frontklappe legen, daß sich die Drehachse exakt über dem Schlitz befindet. Mit dem 2-mm-Bohrer die Löcher für die 4 x 15-mm-Schrauben in den Boden bohren und das Klavierband mit wenigen Schrauben provisorisch befestigen.

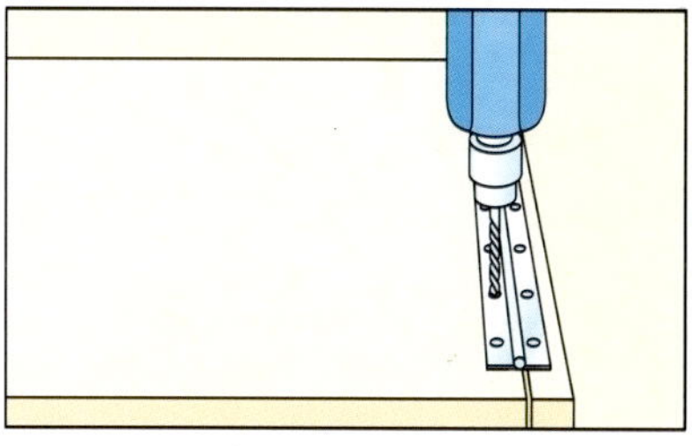

5 Das Kästchen auf den Kopf stellen, das Klavierband exakt ausrichten und mit ein paar Schrauben fixieren.

6 Auf der Innenseite der Seitenteile mit 79 mm Abstand zur Oberkante Linien anreißen, um die Position der Trägerleisten zu markieren. 7 mm von der Vorderkante entfernt den Punkt markieren, an dem die Trägerleisten enden. Die Leisten von 25 x 25 mm Kantholz ablängen, je zwei 5-mm-Löcher mittig und 50 mm von jedem Ende entfernt bohren. Die Trägerleisten mit 8,0 x 30-mm-Spanplattenschrauben und Leim befestigen.

7 Kugelfüße mit vier 8 x 40-mm-Schrauben und etwas Weißleim befestigen.

8 An der Oberkante der Rückseite in 75 mm von den Seiten eine Markierungslinie anreißen. Ein Scharnier anlegen und die Länge markieren. Beide Linien über die Rückseite abwinkeln und im Abstand der Stärke des Scharnierblechs (knapp) eine Parallele zur Oberkante anreißen. Den auf diese Weise angezeichneten Scharnierausschnitt an den Querlinien mit der Feinsäge vorsichtig einschneiden und mit einem scharfen 25-mm-Stechbeitel ausstemmen. Das Scharnier so einpassen, daß die Lasche bündig zur Oberkante der Rückseite ist und das Drehgelenk einige Millimeter nach hinten vorsteht.

EINSATZ ANFERTIGEN

9 Die Teile auf der 10-mm-MDF-Platte anreißen und auf Rechtwinkligkeit prüfen. Mit der Handkreissäge die 50-mm-Streifen und die Grundplatte ausschneiden, dabei für einen geraden Schnitt Führungsleisten auf die Platte spannen. Sämtliche Teile des Einsatzes mit dem Schlichthobel in der Breite maßhaltig hobeln.

10 Die Einsatzteile mit der Feinsäge mit etwas Übermaß ablängen. Die 50-mm-Streifen mit dem Hobel maßhaltig bestoßen, die Grundplatte erst später einpassen.

11 Entsprechend der Zeichnung auf der rechten Seite die Kreuzblattverbindung der Teiler anreißen. Die Schlitze mit der Feinsäge ausschneiden und den Verschnitt anschließend mit einem 10-mm-Stechbeitel ausstemmen. Die Teile sollen sich leicht, aber spielfrei zusammenfügen lassen.

6 Die Position der Trägerleisten anreißen und die Leisten mit Leim und Schrauben befestigen.

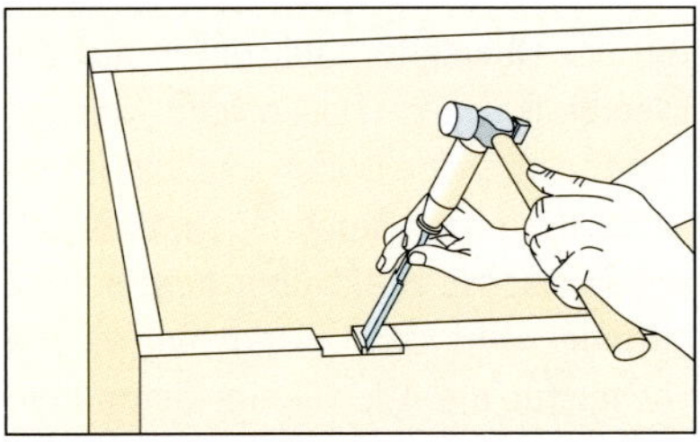

8 Die Aussparungen für die Deckelscharniere mit der Feinsäge ansägen, mit dem Stechbeitel ausstemmen.

12 Die Teile des Einsatzes nochmal auf Maßhaltigkeit prüfen. An die Stoßstellen der Zarge Leim angeben, die vier Teile zusammenfügen und mit 30-mm-Stiften nageln. Die Zarge auf Rechtwinkligkeit prüfen und bis zum Trocknen mit einem diagonal über eine Ecke genagelten Stück Abfallholz sichern. Die Teiler zusammenstecken, exakt rechtwinklig einpassen und ebenfalls nageln. Die Köpfe der Stifte mit einem Durchschlag versenken.

13 Den Einsatzboden exakt auf die Größe der Einsatzzarge bestoßen und beschleifen. Linien in 5 mm Abstand zu den Kanten anreißen und gemäß der Zeichnung oben rechts die Schraubenlöcher markieren. Die Löcher mit einem 4-mm-Bohrer bohren, den Boden umdrehen und die Löcher mit dem Versenker ausfräsen. Die Hilfsleiste entfernen und den Boden unter Leimzugabe mit 6 x 20-mm-Spanplattenschrauben befestigen. Den Einsatz auf allen Flächen schleifen.

14 Die Scharnierleiste auflegen und das übrige Klavierband auf einer Seite bündig und so darauf positionieren, daß das Gelenk direkt über der Kante liegt. Mit dem 2-mm-Bohrer die Löcher bohren und ein paar Schrauben eindrehen. Das überstehende Ende des Klavierbands mit der Metallsäge abschneiden. Den freien Schenkel des Scharniers so auf die Oberkante des Einsatzes legen, daß der Schenkel innen bündig abschließt. Die vorgegebenen Löcher bohren und das Scharnier am Einsatz festschrauben. Scharnier auf das Tablett stellen, so daß die Blätterkante mit der Innenseite des Tabletts bündig ist. Entsprechend der Zeichnung auf Seite 39 drei 5-mm-Löcher durch Scharnierschenkel und Scharnierleiste bohren und mit dem Versenker ausfräsen.

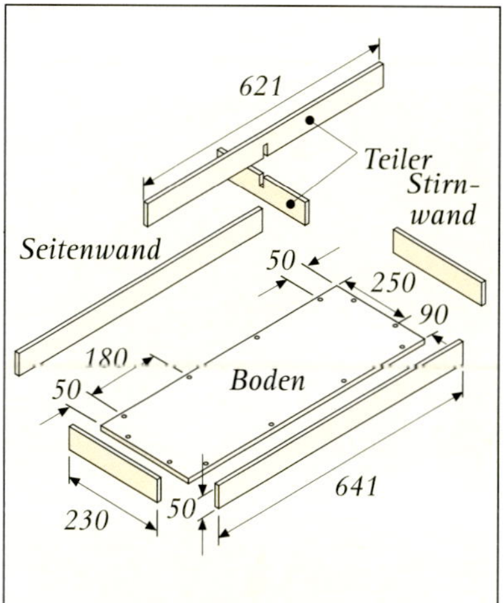

EXPLOSIONSZEICHNUNG DES EINSATZES

15 Aus 10-mm-MDF-Resten die beiden Aufstellstützen aussägen und rund verschleifen. Die beiden 3-mm-Bohrungen in 93 mm Abstand mittig anbringen und versenken. Den Befesti-

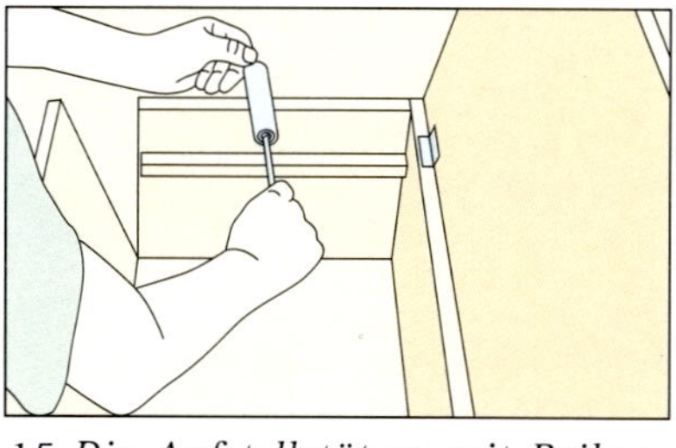

15 Die Aufstellstützen mit Beilagscheiben leicht beweglich an die Seitenwände schrauben.

Beim Öffnen des Deckels wird der Einsatz mit herausgehoben.

gungspunkt an den Innenseiten der Kästchen-Seitenteile entsprechend der Zeichnung auf Seite 42 markieren. Mit dem 2-mm-Bohrer vorbohren und die Aufstellstützen mit 6 x 25-mm-Senkkopfschrauben drehbar befestigen. Zwischen Stütze und Wand eine Beilagscheibe einfügen.

ENDMONTAGE

16 Den Deckel mit 25 mm Überhang auf allen Seiten auf dem Kästchen ausrichten. Die Position der Scharniere auf den Deckel übertragen. Den Deckel auf die Arbeitsfläche legen, das Kästchen so darauf positionieren, daß die Scharnierschenkel genau auf der Markierung liegen und die Scharnierschenkel anschrauben. Der Deckel muß sich bis zu einem Winkel von 90° leicht öffnen lassen.

17 Den Einsatz auf Abfallholzleisten stellen und mit Deckel und Aufstellstützen verbinden.

17 Das Kästchen aufstellen und den Deckel öffnen. Dünne Leisten über die Öffnung legen und den Einsatz darauf stellen. Ihn mittig vor dem Deckel ausrichten und die Scharnierleiste am Deckel anlegen. Mit 3-mm-Bohrer vorbohren und mit drei 8 x 30-mm-Schrauben befestigen.

18 Die Aufstellstützen hochklappen und mit 6 x 20-mm-Schrauben entsprechend der Zeichnung auf Seite 43 an die Seitenwände des Einsatzes schrauben. Beilagscheiben zwischen Stütze und Einsatz einfügen und die Schrauben nur so weit anziehen, daß sich die Stützen leicht drehen lassen. Die Unterstützungsleisten abnehmen und die Deckel-Einsatz-Kombination auf leichte Gängigkeit prüfen. Sollten die Schrauben der Stützen am Gehäuse kratzen, müssen sie versenkt werden.

DEN DECKEL POLSTERN

19 Den Deckel wieder abschrauben und von allen Seiten schleifen. Dabei sämtliche Kanten beidseitig rund schleifen. Die Unterseite vor dem Polstern mit dem gewünschten Lack lackieren. Den Schaumstoff mit Kontaktkleber aufkleben.

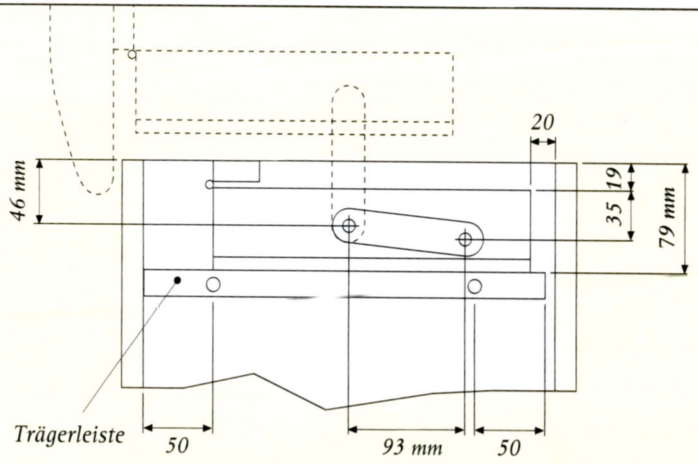

AUFSTELLSTÜTZE UND EINSATZ AUSRICHTEN

20 Wenn Sie einen gemusterten Stoff gewählt haben, das Muster auf dem Deckel zentrieren. Den Deckel mit dem ausgerichteten Stoff nach unten auf eine saubere Oberfläche legen. Den Stoff vorsichtig über eine lange Kante ziehen und mit Polsternägeln oder Tackerklammern in der Mitte anheften. Unter leichtem Zug nach beiden Seiten bis zu den kurzen Kanten weiterheften. Darauf achten, daß die Webstruktur bzw. das Muster parallel zur Deckelkante laufen. Den Stoff so über die Mitte der zweiten Längskante spannen, daß er sich mit schöner Wölbung über dem Schaumstoff spannt. Mit gleichmäßigem Zug von der Mitte aus antackern. Die Ecken offenlassen. Auf die gleiche Weise die kurzen Ecken von der Mitte aus anheften. Dabei zunächst den Stoff auf beiden Kanten mittig fixieren. Zuletzt die Ecken falten. Dazu den Überstand erst von der einen Kante ganz unter den der anderen Kante schieben, dann den Überstand der anderen Kante umschlagen, schräg nach innen falten und anheften. Die Borte mit etwas Kontaktkleber um die Deckelkanten kleben.

KÄSTCHEN FERTIGSTELLEN

21 Etwas Zweikomponenten-Kunststoffspachtel anrühren und alle sichtbaren Unebenheiten und Schraubenlöcher damit ausfüllen. Das Kästchen von allen Seiten mit 180er Schleifpapier absolut glatt schleifen, entstauben und mit Grundierfarbe streichen. Mit 240er Schleifpapier zwischenschleifen und zweimal mit einem Farblack nach Wahl streichen.

22 Das Kästchen wieder zusammenbauen und zum Verschließen ein Magnetschloß nach Herstelleranweisung befestigen.

Mit ihren ausgewogenen Formen und der aufwendigen Verarbeitung lohnt diese Truhe auch die Verwendung edler Materialien. Bevorzugen Sie aber einheimische Hölzer wie Buche oder Rüster.

Deckeltruhe

Schwalbenschwanzverzinkte Verbindungen und edles Holz machen diese klassische Truhe zu einem Schmuckstück, das sich harmonisch in jede Einrichtung einfügt. Eine lohnende Herausforderung für den fortgeschrittenen Heimwerker.

Stückliste*

Teil	Material	Länge	Anzahl
Seitenwände	150 x 25-mm-Schnittholz	790 mm	6
Stirnwände	150 x 25-mm-Schnittholz	440 mm	6
Deckelplatte	150 x 25-mm-Schnittholz	770 mm	3
Grundplatte	150 x 25-mm-Schnittholz	778 mm	3
Seiteneinleimer	11 x 11-mm-Kantholz	790 mm	2
Kopfeinleimer	11 x 11-mm-Kantholz	440 mm	2

Außerdem: 32 8 x 50 mm gerillte Buchenholzdübel; Weißleim; zwölf 8 x 40-mm-Senkkopfschrauben; einige 5 x 15-mm-Senkkopfschrauben; drei etwa 75 x 20-mm-Messingscharniere (für Möbel); Truhenschloß mit Schlüsselplatte (in Baumärkten kaum angeboten; hier lohnt sich der Weg zum Fachgeschäft); 30 cm dünne Messingkette; zwei Truhengriffe; Wachsbeize nach Wahl

* Fertigmaße: Länge: 790 mm; Breite: 440 mm; Höhe: 420 mm.

PLATTEN VERLEIMEN

1 Das Schnittholz mit reichlich Übermaß zuschneiden und auf beiden Seiten abrichten. Die Bretter auflegen und die Schauseite wählen. Die Platten nach Farbe und Maserung so harmonisch wie möglich zusammenstellen. Seiten- und Stirnwände sowie Boden und Deckel werden aus je drei Brettern zusammengeleimt. Wenn Sie die Platten zusammengestellt haben, jede mit einem Winkel markieren. Keinen Bleistift verwenden, sondern möglichst ein Stück Kreide.

2 Die sägerauhen Kanten mit dem Schlichthobel gerade und absolut rechtwinklig hobeln. Die Rechtwink-

1 Für jede Platte Bretter nach Farbe und Maserung passend zusammenstellen, mit einem Winkel markieren.

Werkzeuge

- Kreide
- Meterstab und Bleistift
- Schlichthobel
- Kombiwinkel und Zimmermannswinkel
- Werkbank mit Zangenspindel
- Streichmaß
- Dübellehre
- Bohrmaschine
- Klingenmesser
- Spiralbohrer 3 mm, 5 mm, 8 mm, 10 mm
- Hammer oder Holzhammer
- Sechs 1200-mm-Schraubzwingen
- zwei Leimzwingen
- Stich- und Kreissäge (Hand- oder Tischkreissäge)
- Feinsäge
- Laubsäge
- Lineal
- Schmiege
- Stechbeitel 25 mm und 12 mm
- Oberfräse mit Seitenanschlagsschiene
- Fräser: 12-mm-Falzfräser; 6-mm-Viertelrundfräser
- Schwingschleifer
- Gehrungslade oder -säge

ligkeit mit einem Anschlagwinkel prüfen. Vor allem die Kanten prüfen, mit denen die Bretter beim Verleimen zusammenstoßen und gegebenenfalls nacharbeiten.

3 Das obere und mittlere Brett einer Platte bündig zusammenspannen. Die Mitte der Stoßkanten mit einer rechtwinkligen Linie markieren. Jeweils 150 mm links und rechts der Mittellinie weitere senkrechte Linien anreißen. Die Bretter der Stirnwände erhalten drei, alle übrigen fünf Dübel. Ein Streichmaß auf halbe Brettstärke einstellen und die Kantenmitte markieren.

4 Das untere anstelle des oberen Bretts nehmen, die Stoßkante auf exakte Paßform prüfen und die Dübellöcher markieren, wie beschrieben. In dieser Weise fortfahren, bis für alle Platten die Dübellöcher angerissen sind.

5 Die Bretter einzeln und der Reihe nach auf der Werkbank einspannen

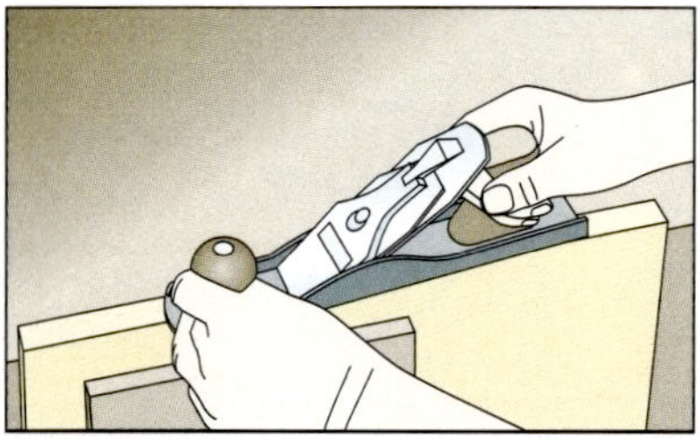

2 Mit dem Schlichthobel die Kanten aller Platten gerade und rechtwinklig hobeln.

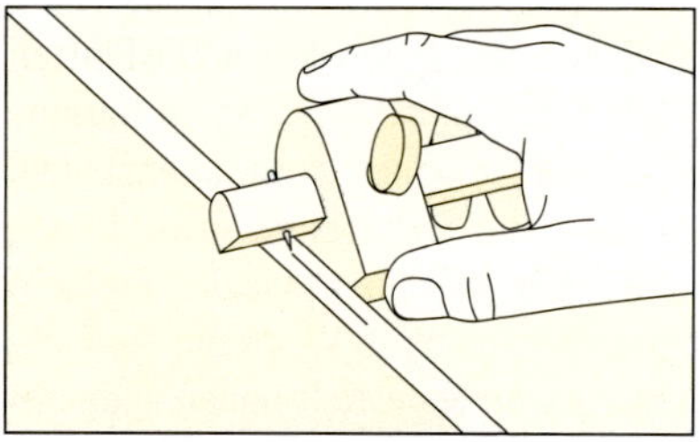

3 Mit dem Streichmaß die Mitte aller Plattenkanten markieren und die Dübellöcher anreißen.

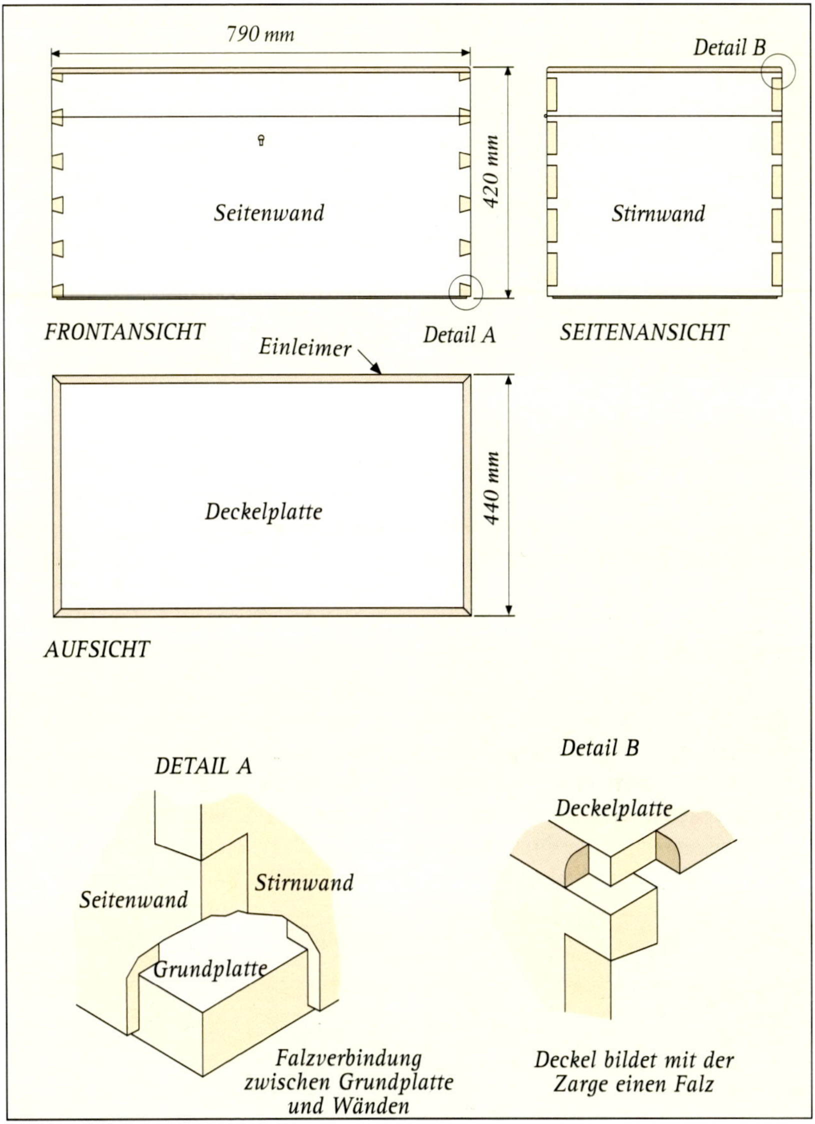

und mit einem 8-mm-Bohrer die Dübellöcher 26 mm tief bohren. Das geht am besten mit einer Dübellehre. Die Bohrungen und die Stoßflächen sorgfältig von Holzstaub und abstehenden Splittern säubern, die verhindern können, daß sich die Kanten nahtlos aneinanderfügen. In jedes Bohrloch etwas Leim angeben und mit einem Bleistift an den Innenwänden der Bohrung verteilen. Auf diese Weise trägt der Leim an der ganzen Innenfläche des Bohrlochs, und die Verbindung wird haltbarer. Nun etwas Leim auf eine der beiden Stoßkanten angeben und mit dem Finger gleichmäßig verstreichen. An einer Stoßkante die Dübel einführen und mit leichten Hammerschlägen hineintreiben, bis etwas Leim austritt. Das zweite Brett anfügen und mit leichten Hammerschlägen auf eine Beilage aus Abfallholz zusammenfügen, bis die Stoßkanten aufeinanderliegen. Die Platte umdrehen und das dritte Brett in gleicher Weise anfügen.

6 Die Platte mit der Schauseite nach unten auf die Werkbank legen und mit langen Schraubzwingen hochkant einspannen, um die verleimten Kanten aneinanderzupressen. Das muß sehr vorsichtig geschehen, damit sich die Platte beim Spannen nicht durchbiegt. Eventuell ein Kantholz quer über die Platte legen und mit weiteren Schraubzwingen auf die Arbeitsfläche pressen. Auf diese Weise wird ein Durchbiegen zuverlässig verhindert. Die Platte über Nacht trocknen lassen.

7 Die fertig verleimten Kopf- und Seitenteile auf Endgröße beschneiden. Dazu eine Kante absolut gerade hobeln und an einem Ende eine senkrechte Linie anreißen. Vom dadurch gebildeten rechten Winkel ausgehend die Maße anreißen. Sämtliche Risse mit einem Klingenmesser nachschneiden, vor allem an den Kanten, damit Absplitterungen vermieden werden. Die Platten mit der Handkreissäge mit etwas Übermaß zuschneiden. Kopf- und Seitenteile paarweise bündig zusammenspannen und die Kanten auf Maß hobeln. Dabei stets von außen nach innen arbeiten, um Absplitterungen zu vermeiden.

ZARGE ZUSAMMENBAUEN

8 Nun die Schwalbenschwanzverzinkung anreißen. Verwenden Sie dazu einen spitzen, harten Bleistift, und schneiden Sie nichts aus, solange Sie nicht absolut sicher sind, daß Ihre Risse stimmen. Vergessen Sie nicht, die wegzuschneidenden Flächen deutlich zu kennzeichnen, und halten Sie die zu verbindenden Bauteile häufig aneinander, um zu kontrollieren, ob die als Abfallholz angezeichneten Partien

7 Mit einem großen Zimmermannswinkel auf den Platten die Maße exakt rechtwinklig anreißen.

9 Die Zinken im Hirnholz auf der Verschnittseite des Risses vorsichtig einschneiden.

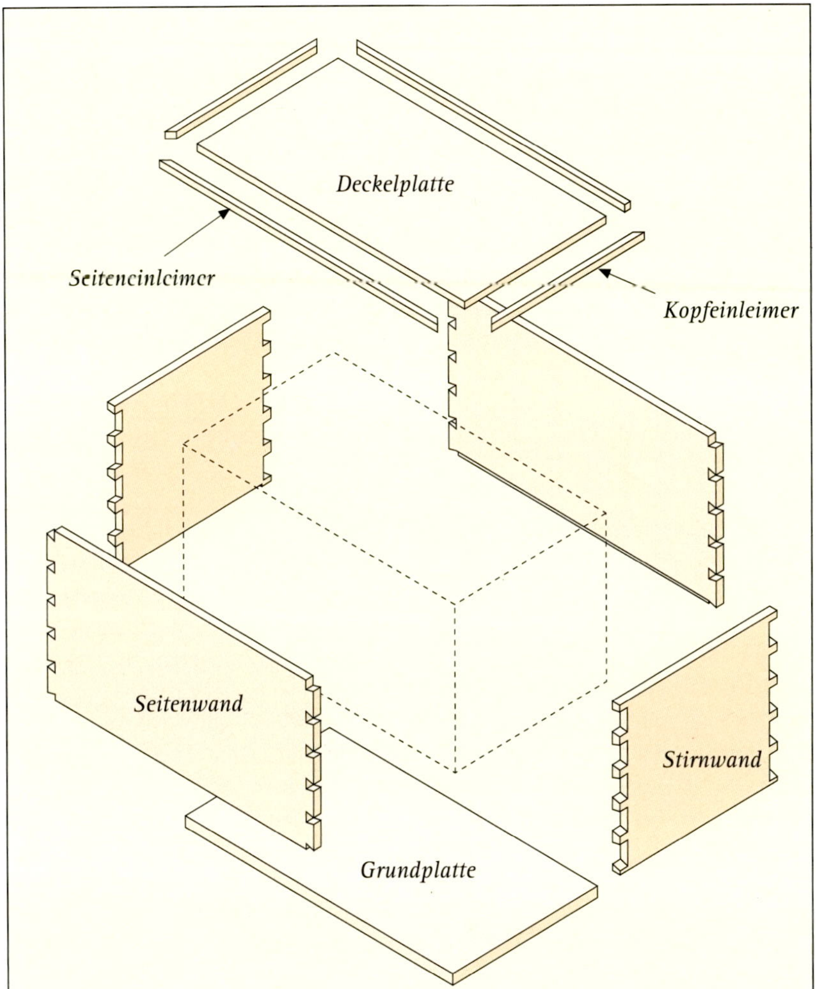

EXPLOSIONSZEICHNUNG

auch wirklich vom Material der anderen Platte ausgefüllt werden. Risse quer zur Faser mit dem Klingenmesser nachschneiden, damit nichts ausreißt.

9 Beim Ausschneiden mit einer Stirnwand beginnen. Mit der Feinsäge die Zinken so ansägen, daß die Risse stehenbleiben. Mit einer Laubsäge, eventuell auch der Stichsäge die Maße des Verschnitts aussägen. Dann die Platte so auf die Arbeitsfläche spannen, daß die Schwalbenschwänze noch aufliegen. Die Schneide eines 25-mm-Stechbeitels genau in den Messereinschnitten der Risse ansetzen. Den

Stechbeitel etwas vor- und zurückbewegen, um den Schnitt zu erweitern. Nun das Eisen mit dem Hammer oder einem Holzhammer bis etwa zur Mitte der Holzstärke einschlagen. Auf diese Weise alle Zwischenräume bis zur Mitte der Holzstärke ausstemmen, dann die Platten wenden und auf der Rückseite wie oben geschildert ausstemmen, bis der Verschnitt herausfällt. Die Flanken der Schwalbenschwänze mit dem gleichen Stechbeitel weiterbearbeiten, um Reste des Verschnitts und eventuelle Sägeungenauigkeiten zu beseitigen.

10 Die Seitenwand auf die Arbeitsfläche auflegen. Eine Stirnwand so an der Kante anlegen, als wolle man die Verzinkung zusammenfügen. Dabei müssen die Front der Stirnwand und die Kante der Seitenwand genau fluchten. Mit einem harten, spitzen Bleistift die Umrisse der am Kopfteil befindlichen Zinken exakt entlang der Kante des Seitenteils anreißen. Auf diese Weise erhalten Sie die genauen Maße der Aussparungen für die Zinken. Analog dazu auch die übrigen drei Verbindungen bearbeiten. Das Seitenteil einspannen und die Aussparungen für die Zinken mit der Feinsäge einschneiden. Dabei immer im Verschnitt am beim Auflegen gezogenen Riß entlangsägen, nicht ganz bis zu den Messerschnitten sägen.

11 Den Verschnitt in den Aussparungen mit der Laubsäge mit etwas Untermaß aussägen. Dann die Aussparungen wie oben beschrieben fertig ausstemmen. Nun den Sitz der Schwalbenschwanzzinkung prüfen. Seien Sie nicht enttäuscht, wenn Sie nacharbeiten müssen. Eine auf Anhieb perfekte Schwalbenschwanzverzinkung gelingt nur Profis. Die Verbindung mit einem Hammer und einem Stück Abfallholz als Zulage vorsichtig zusammenklopfen. Sie darf nicht zu streng gehen, sonst besteht die Gefahr von Absplitterungen.

12 Sobald alle vier Verbindungen einwandfrei ineinanderpassen, an die tragenden Flächen der Verzinkungen Leim angeben und die Verbindungen mit Hammer und Holzzulage zusammenklopfen. Anschließend die Zarge bis zum Trocknen etwa 24 Stunden mit Schraubzwingen und Zulagen einspannen. Die Zulagen nicht direkt auf die Verzinkung legen, sondern direkt dahinter. Auf Rechtwinkligkeit prüfen. Herausquellenden Leim mit einem feuchten Tuch abwischen.

BODEN UND DECKEL

13 Für den Deckel eine Holzplatte vorbereiten, wie unter Schritt 7 beschrieben, und auf 780 mm zuschnei-

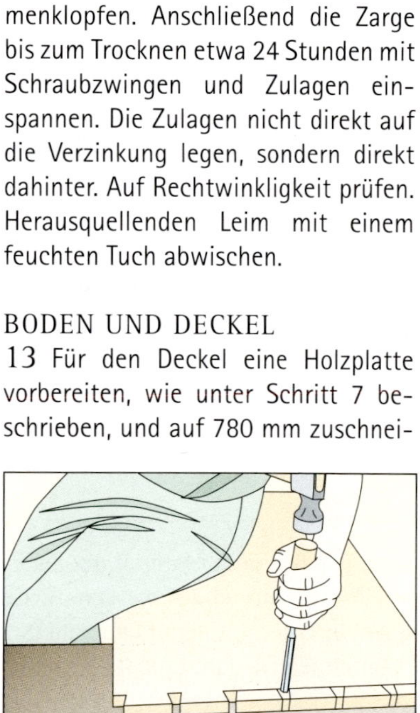

11 Den Verschnitt der Zinkenausschnitte mit der Laubsäge grob zuschneiden und ausstemmen.

den. Die Innenmaße der Zarge ausmessen und die Maße auf die Deckelplatte übertragen. Diese wird mit einem Falz in die Deckelzarge eingepaßt.

14 Den Deckel mit der Schauseite nach unten auf die Arbeitsfläche spannen und mit der Oberfräse einen 9 mm tiefen Falz so einfräsen, daß die Innenkante des Falzes dem Riß der Zargeninnenkante folgt. Dabei zuerst die quer zur Faser laufenden Falze fräsen.

15 Die Bodenplatte vorbereiten, wie in Schritt 7 beschrieben. 9 mm von jeder Ecke entfernt vier 5-mm-Schraubenlöcher bohren und mit dem Versenker ausfräsen.

16 Um die Unterkante der Zarge auf den Innenseiten einen Falz einarbeiten. Dieser dient als Aufnahme für die Bodenplatte, die nach unten etwa 2 mm überstehen soll, um Beschädigungen der Zarge zu vermeiden, wenn die Truhe verrückt wird (siehe Seite 47, Detail A). Arbeiten Sie in drei oder vier Arbeitsgängen, wenn Sie eine Oberfräse verwenden. Stellen Sie die Schnitttiefe auf 17 mm ein und den Seitenanschlag auf 4 mm, so daß die Falzbreite 13 mm beträgt. Viele Oberfräsen haben auch ein Anschlagrad, das auf der Innenkante des Falzes mitläuft und die Schnittbreite begrenzt. Führen Sie die Oberfräse mit fester Hand, doch behutsam. Besonders in den Ecken muß mit größter Vorsicht vorgegangen werden, damit die Fräse nicht durch die Außenwand des Falzes bricht. Deshalb nie bis ganz in die Ecken fräsen, sondern die Falze in den Ecken stets mit dem Stechbeitel ausarbeiten. Die Innenmaße der Zarge im Falz messen und auf die Bodenplatte übertragen. Die Bodenplatte zuschneiden und probeweise in den Falz legen. Sie soll sich ohne zu klemmen, aber auch ohne viel Spiel in die gefalzte Aufnahme einlegen lassen.

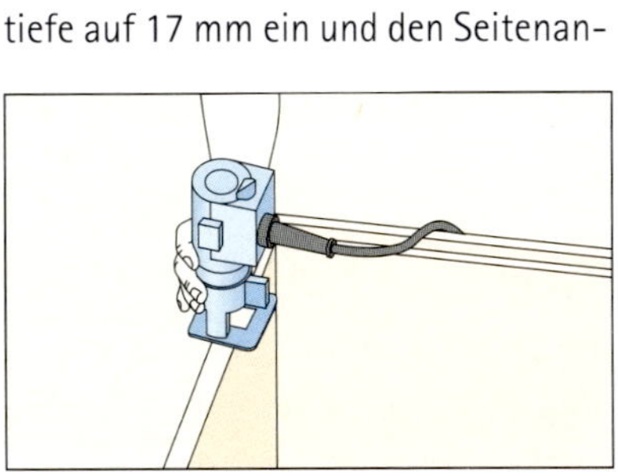

16 In zwei oder drei Arbeitsgängen mit der Oberfräse einen Falz in die Unterseite der Zarge fräsen.

FALZE UND NUTEN MIT DER OBERFRÄSE SCHNEIDEN

Zum Schneiden von Falzen und Nuten mit der Oberfräse verwenden Sie einen zylindrischen Fräser. Je nach Tiefe des Falzes stellen Sie die Schnittiefe zunächst auf die Hälfte der Falztiefe ein und fräsen den Falz auf halbe Tiefe. Stellen Sie dann die volle Tiefe ein und fräsen Sie den Falz fertig. Fräsen Sie nicht mehr als 5 mm in einem Gang und nie ohne Anschlagrad oder -schiene.

17 Prüfen, ob die Kanten der Seiten- und Kopfteile in den Stoßecken fluchten. Gegebenenfalls mit Schleifklotz und -papier abschleifen. Größere Dif-

ferenzen mit dem Hobel ausgleichen. Den Falz zur Montage der Bodenplatte satt mit Leim ausstreichen. Die Bodenplatte in den Falz legen. In den Ecken 8 x 40-mm-Schrauben eindrehen. Die Schraubenköpfe sollen etwas unter der Holzoberfläche liegen.

18 Mit einer Handkreissäge die Deckelplatte entlang der Außenkante der eingefrästen Nut mit etwas Übermaß ausschneiden. Den Überstand mit dem Hobel bis zur Nutaußenkante abhobeln. Den Deckel probeweise auf die Zarge aufsetzen und gegebenenfalls nacharbeiten. Er soll mit der Zarge einen Falz von etwa 10 mm Höhe und Breite bilden (siehe Seite 47, Detail B). Die Falzflächen am Deckel mit Leim satt einstreichen, den Deckel aufsetzen und mit Schraubzwingen und Zulagen bis zum Trocknen des Leims einspannen.

DECKEL FERTIGSTELLEN

19 Mit einem großen Winkel die Linie anzeichnen, entlang der die Deckelzarge von der Truhenzarge abgeschnitten wird. Diese soll mittig durch den ersten Schwalbenschwanzzinken von oben gehen (siehe Abb. unten). Verwenden Sie zum Schnitt eine Handkreissäge mit Seitenanschlag, um eine gerade Schnittfläche über alle vier Seiten zu erhalten.

20 Die Stoßflächen von Truhen- und Deckelzarge mit Schleifklotz und 120er Schleifpapier glätten und die Kanten leicht brechen. Die Stoßflächen sollen spaltenfrei aufeinanderstoßen. Den Deckel wieder abnehmen. Eines der Messingscharniere eine Scharnierbreite von der Außenkante der hinteren Truhen-Seitenwand entfernt so anlegen, daß das Gelenk etwas über die Seitenwand hinausragt. Die Breite des Scharnierschenkels anreißen. In gleicher Weise die Position des zweiten Scharniers am anderen Ende der Seitenwand anreißen. Das dritte Scharnier wird exakt in der Mitte zwischen den beiden Scharnieren positioniert. Dazu den Abstand zwischen den Scharnieren messen, die Mitte markieren und über die Kante herunterwinkeln. Die Scharnierbreite ebenfalls messen und die Mitte markieren. Das Scharnier so anlegen, daß die Markierungen sich decken, und die Umrisse

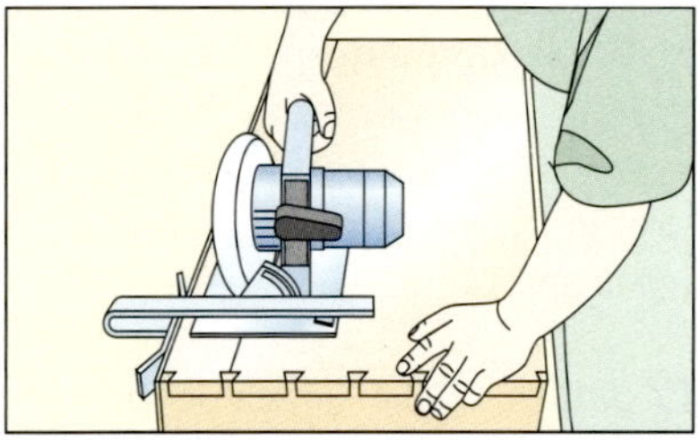

19 Schneiden Sie den Deckel auf Höhe des ersten Zinkens mit einer Handkreissäge mit Anschlag ab.

22 Legen Sie die Truhe auf die Vorderseite und stemmen Sie den Ausschnitt für das Schloß.

des Scharnierschenkels anreißen. Die Risse mit einem Klingenmesser nachschneiden. Entsprechend der Materialstärke mit dem Stechbeitel so viel Material abheben, daß die Metallschenkel noch minimal über die Holzkante ragen. Die Löcher für die Befestigungsschrauben anreißen und mit einem zur Schraubengröße passenden Bohrer bohren. In gleicher Weise die Scharniere an der Deckelzarge anreißen.

FERTIGSTELLUNG

21 Die Mitte der Vorderseite an der Oberkante markieren und nach innen herunterwinkeln. Das Schloß anlegen und die genaue Position anreißen. Die Position des Schlüssellochs ausmessen und auf der Zarge anzeichnen. Ein der Größe des Schlüssels entsprechendes Loch bohren.

22 Die Truhe mit der Vorderseite nach unten auf die Arbeitsfläche legen. Die Konturen des Schlosses mit dem Klingenmesser nachziehen. Die Aussparung bis zur halben Materialstärke ausstemmen. Das Schloß montieren. Die Schließplatte entsprechend der Bauart des Schlosses an der Deckelzarge anpassen, ausstemmen und montieren. Eventuell einen Holzklotz als Verstärkung hinterleimen.

23 Den Deckel mit den zu den Scharnieren gelieferten oder anderen passenden Schrauben an der Truhenzarge befestigen. Darauf achten, daß die Seiten fluchten und sich der Deckel leicht bewegen läßt. Die Stellung der Schlüsselplatte des Schlosses anreißen und die Platte befestigen. Die Funktion des Schlosses prüfen.

24 Ein kurzes Stück Messingkette mit kleinen Messingschrauben an der Zargeninnenseite von Truhe und Deckel so befestigen, daß sich die Truhe nur bis zu einem Winkel von 90° öffnen läßt.

25 In den von Deckelplatte und -zarge gebildeten Falz 11 x 11-mm-Leisten einleimen. Dazu die Länge der jeweiligen Seiten- oder Stirnwand durch Anlegen abnehmen, Gehrungen anreißen und schneiden. Die Falzflächen mit Leim bestreichen und die Leisten einsetzen. Diese lassen sich kaum einspannen. Es reicht jedoch aus, sie bis zum Trocknen des Leims mit Klebeband zu sichern.

26 Nach dem Trocknen die Einleimer mit einem Hohlkehlfräser (6 mm Radius) viertelrund fräsen. Die Griffe anpassen, die Schraubenlöcher bohren und die Griffe montieren. Den Stand der Beschläge kontrollieren und diese wieder abnehmen.

27 Sämtliche Holzflächen mit einem Schwingschleifer und 120er Schleifpapier absolut plan schleifen. Mit einem feuchten Lappen wässern und nach dem Trocknen mit 240er Schleifpapier von Hand mit der Faser nachschleifen. Mit Wachsbeize streichen. Nach dem Trocknen mit einer nicht zu weichen Bürste auf Seidenglanz bürsten. Die Beschläge wieder montieren. Alternativ beizen und lackieren.

SCHWALBENSCHWANZVERZINKUNG

1 Legen Sie fest, welches Teil die Schwalben und welches die Zinken erhält.

2 Berechnen Sie Größe und Anzahl der Zinken. Die Breite der Zinken sollte ungefähr bei zwei Drittel der Materialstärke liegen. Für die Breite der Schwalbenschwänze rechnen wir drei- oder viermal die Materialstärke. Diese beträgt in unserem Beispiel 19 mm. Daraus folgt: Zinkenbreite = 19 x $^2/_3$ = 12 mm, Schwalbenschwanzbreite = 3 x 19 = 60 mm oder: 4 x 19 = 80 mm. Diese Abstände reichen für eine haltbare Verbindung aus, obwohl Schreiner mit wesentlich schmaleren Schwalben arbeiten. Zur Ermittlung der Schwalbenzahl kann man auch die Plattenbreite durch 60 teilen.

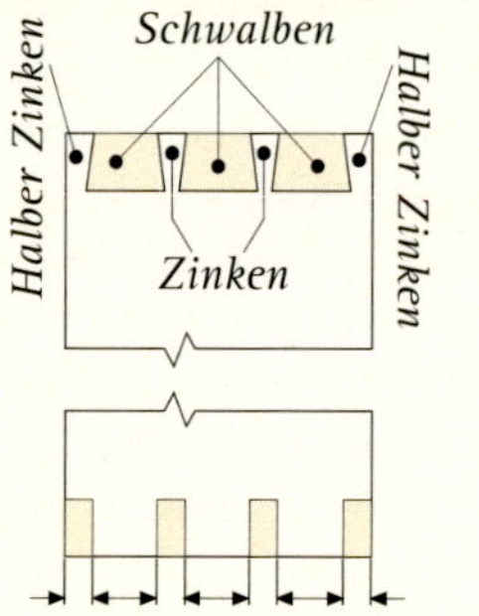

Zinkenbreite entspricht zwei Drittel Materialstärke

3 Teilen Sie das Werkstück so ein, daß die Verzinkung an jedem Rand mit einem halben Zinken (12 mm) abschließt. Reißen Sie in gleichen Abständen die Mittellinien der beiden halben Zinken an.

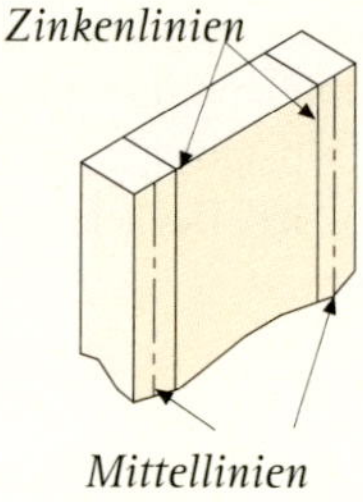

4 Legen Sie einen Meterstab diagonal so über das Werkstück, daß der Abstand, von Mittellinie zu Mittellinie der halben Zinken gemessen, durch die gewünschte Anzahl der Schwalben teilbar ist (in diesem Beispiel 3).

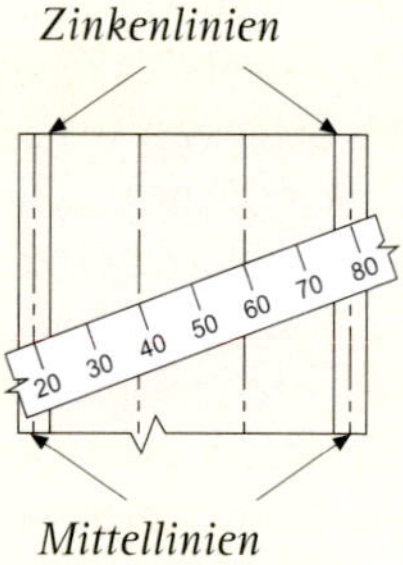

5 Markieren Sie diese Punkte. Durch sie laufen die Mittellinien der Zinken. Übertragen Sie die Abstände mit Hilfe des Zimmermannswinkels auf die Kante. Markieren Sie jeweils 6 mm links und rechts die Zinkenbreite.

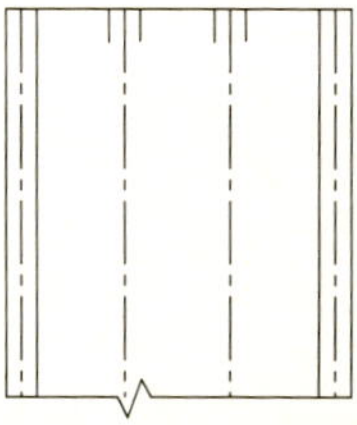

6 Zeichnen Sie ein Dreieck mit Höhe = 6–8 x Zinkenbreite.

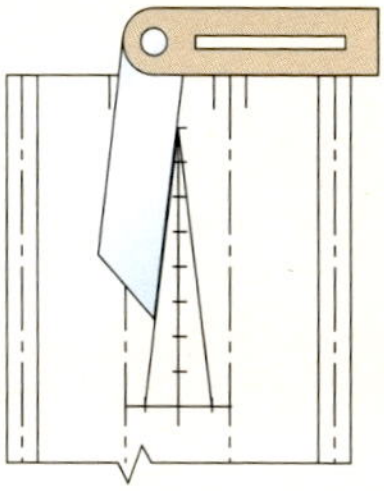

7 Nehmen Sie den von den Schenkeln des Dreiecks gebildeten Winkel mit der Schmiege ab.

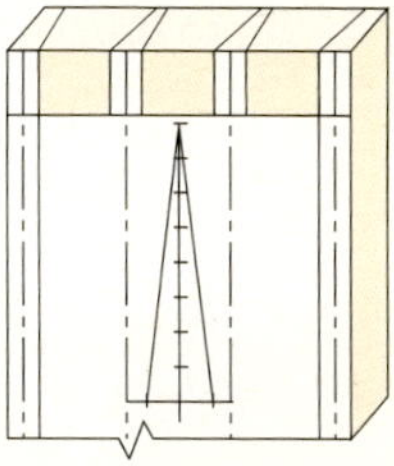

8 Winkeln Sie die Seitenlinien der Zinken mit der Schmiege über die Kante der Platte.

9 Kennzeichnen Sie die Ausschnitte der Schwalbenschwänze als Verschnitt. Winkeln Sie die Schmalseiten der Zinken rechtwinklig auf die andere Seite der Platte und reißen Sie dort das Zinkenschema an. Schneiden Sie die Risse mit dem Messer vor, stemmen Sie den Verschnitt aus.

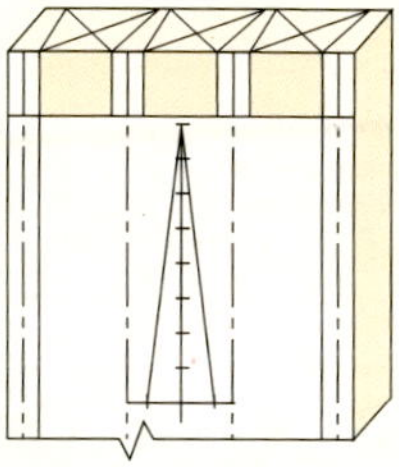

10 Stellen Sie die gezinkte Kante exakt ausgerichtet auf die zu verbindende Platte und reißen Sie die Umrisse der Zinken an. Verwenden Sie einen harten, spitzen Bleistift. Ziehen Sie die Linien mit dem Zeichendreieck nach und übertragen Sie sie auf die andere Seite der Platte. Schneiden Sie mit dem Klingenmesser vor und stemmen Sie den Verschnitt aus.

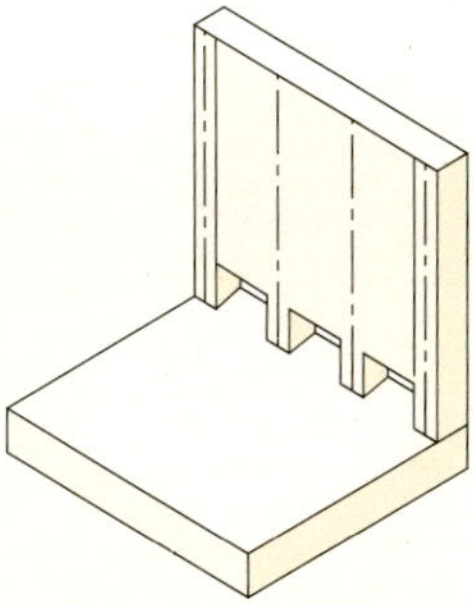

11 Geben Sie Leim auf alle tragenden Flächen an und klopfen Sie die Verbindung zusammen.

Ob Sie damit einen Erker ausfüllen wollen oder einfach eine Sitzgelegenheit unter einem gewöhnlichen Fenster wünschen – diese Bank ist mit ihren attraktiven Kassetten eine Zierde für Ihr Heim.

Fensterbank mit Kassettenfront

Diese Fensterbank mit ihrer dekorativen Kassettenfront sollte in einer Fensternische stehen. Die Maße entsprechen einer gängigen Größe, müssen aber jeweils den Gegebenheiten angepaßt werden. Sie sind daher nur als grobe Richtlinien anzusehen.

Werkzeuge

- Handkreissäge
- Elektrische Bohrmaschine
- Feinsäge
- Schraubendreher
- Meterstab
- Kombiwinkel
- Zwei Leimzwingen
- Klingenmesser und Durchschlag
- Hammer
- Schlichthobel
- Stahlschiene
- Oberfräse mit Fräseinsätzen (optional)
- Gehrungssäge oder Gehrungslade
- Zwei Unterstellböcke (optional)
- Schwingschleifer
- Spiralbohrer: 5 mm, 3 mm, 2 mm, Versenker
- Zimmermannswinkel

ZUSCHNEIDEN

1 Fenster und Fensternische ausmessen. Den Bauplan entsprechend abändern. Die MDF-Platte auf Unterstellböcke auflegen und mit einem Zimmermannswinkel, der Stahlschiene und einem Bleistift die Risse der wichtigsten Bauteile anreißen. Wenn Sie die längsten Teile an die gerade vorgeschnittenen Kanten der Platte plazieren, sparen Sie sich eine Menge Sägearbeit. Alle Kanten, die auf Gehrung geschnitten werden müssen, gesondert markieren. Rechtwinkligkeit prüfen und bei aneinanderstoßenden Kanten 5 mm für den Schnitt zugeben.

2 Mit Zwingen Führungsleisten für die Kreissäge anbringen und die langen Kanten sägen. Noch keine Gehrungen schneiden.

3 Die Gehrungswinkel an der Grundplatte anreißen und mit der Kreissäge zuschneiden. Die breiten Kanten der Gehrung müssen mit der Länge der Front übereinstimmen.

4 Für die Seitenteile an einem Ende der 489 mm breiten Platte eine senkrechte Linie anreißen und im 45°-Winkel auf Gehrung schneiden. Die Breite des Seitenteils abmessen, anreißen und mit etwas Übermaß ebenfalls auf Gehrung ablängen. In gleicher Weise das andere Seitenteil zuschneiden. Auf beiden Seitenteilen eine Linie 37 mm von der Unterkante anreißen. Mit 80 mm Abstand von den Kanten sowie mittig Schraubenlöcher markieren, mit 5 mm Durchmesser bohren und versen-

Stückliste*

Teil	Material	Länge	Breite	Anzahl
Deckplatte (links/rechts)	16-mm-MDF	435 mm	405 mm	2
Deckel	16-mm-MDF	1327 mm	405 mm	1
Frontplatte	16-mm-MDF	2104 mm	489 mm	1
Seitenwände	16-mm-MDF	516 mm	489 mm	2
Rückwand	16-mm-MDF	1366 mm	489 mm	1
Bodenplatte	16-mm-MDF	2026 mm	353 mm	1
Fußleiste (vorn)	16-mm-MDF	2162 mm	90 mm	1
Fußleisten (Seiten)	16-mm-MDF	545 mm	90 mm	2
Vordere Eckverstärkung	16-mm-MDF	443 mm	40 mm	2
Hintere Eckverstärkung	16-mm-MDF	443 mm	60 mm	2
Verstärkungsleiste	16-mm-MDF	1321 mm	70 mm	1
Kassette (Mitte, horizont.)	19-mm-Profilleist.	982 mm	40 mm	2
Kassette (Mitte, vertikal)	19-mm-Profilleist.	279 mm	40 mm	6
Kassette (seitlich)	19-mm-Profilleist.	380 mm	40 mm	4
Füllung (Mitte)	16-mm-MDF	740 mm	90 mm	1
Füllung (seitlich)	16-mm-MDF	138 mm	90 mm	2
Bodenverstärkg. (hinten)	16-mm-MDF	1200 mm	29 mm	1
Bodenverstärkung (vorn)	16-mm-MDF	900 mm	29 mm	2

Außerdem: drei 75-mm-Scharniere; 45 6 x 25-mm-Spanplattenschrauben (Gerad- oder Kreuzschlitz); Fußleisten; sechs 6 x 15-mm-Spanplattenschrauben; 34 8 x 40-mm-Spanplattenschrauben; 16 40-mm-Stahlstifte; Sockelleistenstifte: 28 Stck. 30 mm und sechs 25 mm; Weißleim; Schleifpapier: zwei Bogen 180er und jeweils ein Bogen 120er und 240er Körnung; MDF-Grundierung; Acryllackfarbe nach Wahl; Kunststoffspachtelkitt

* Fertigmaße: Länge: 2197 mm; Breite: 421 mm; Höhe: 505 mm. Die Bauteile erst zuschneiden, wenn man sie braucht.

ken. Die Seitenteile mit 40-mm-Schrauben an die Grundplatte schrauben. Nunmehr die Kanten mit dem Hobel vorn und hinten absolut bündig hobeln.

5 Den Kasten mit der Vorderseite auflegen. Die Rückwand ausmessen und mit 1 mm Übermaß zur breitesten Stelle zuschneiden. Je 11 mm von den Seitenkanten drei Schraubenlöcher

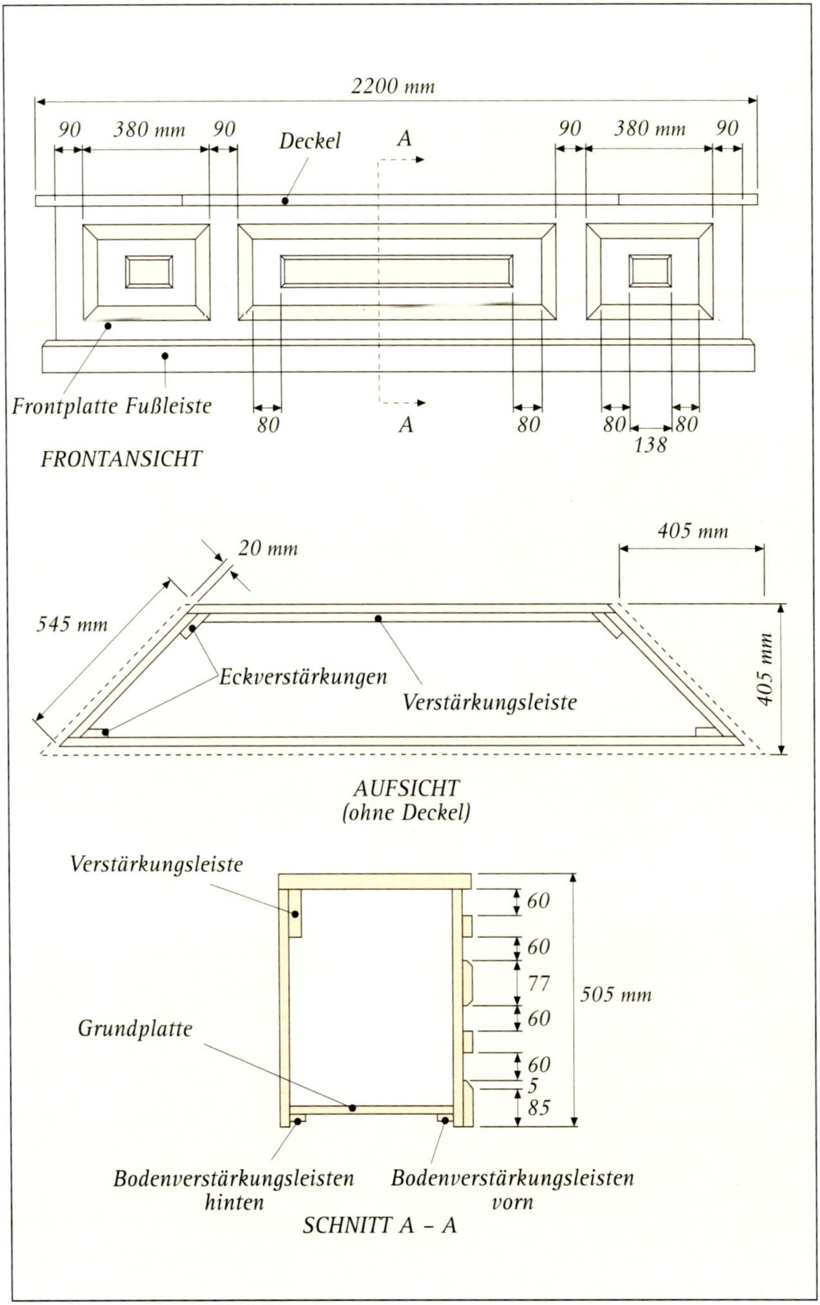
2200 mm
90
380 mm
90
Deckel
A
90
380 mm
90
Frontplatte
Fußleiste
80
A
80
80
80
138
FRONTANSICHT
20 mm
405 mm
545 mm
Eckverstärkungen
Verstärkungsleiste
405 mm
AUFSICHT
(ohne Deckel)
Verstärkungsleiste
60
60
77
505 mm
60
Grundplatte
60
5
85
Bodenverstärkungsleisten
hinten
Bodenverstärkungsleisten
vorn
SCHNITT A – A

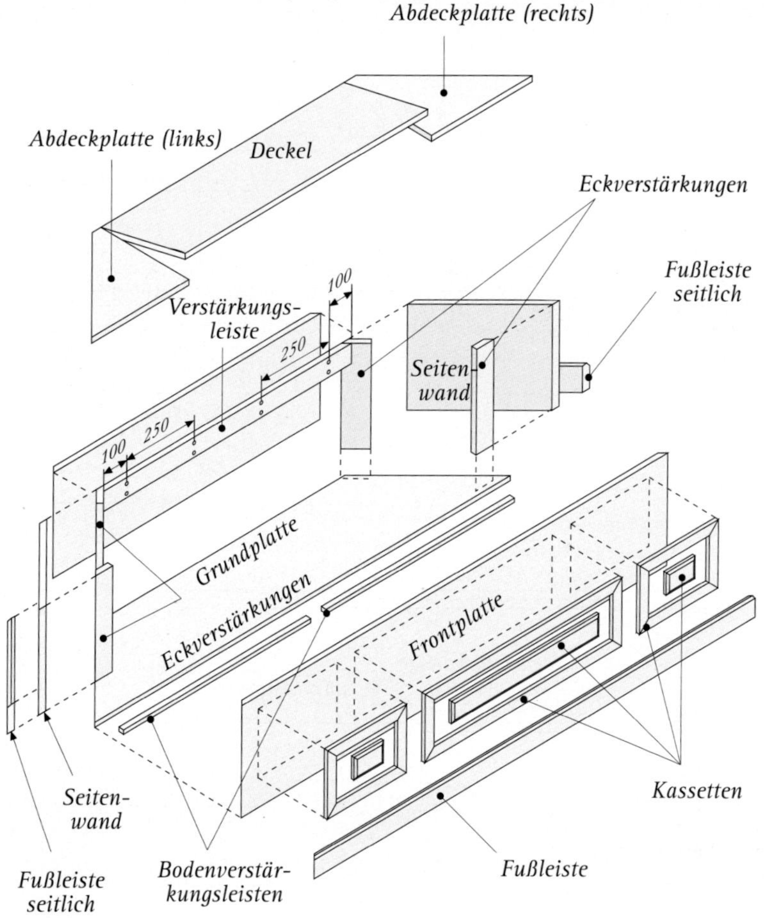

EXPLOSIONSZEICHNUNG

markieren, eines mittig, die anderen mit 60 mm Abstand zu den Enden. Die Schraubenlöcher im 45°-Winkel vorbohren.

6 Eine Linie 37 mm von der Unterkante der Rückwand entfernt anreißen und fünf Schraubenlöcher markieren: jeweils 100 mm und 250 mm von den Seitenkanten entfernt sowie mittig. Die Löcher mit dem 5-mm-Bohrer vorbohren, an die Kanten Leim angeben und die Rückwand mit 40-mm-Schrauben befestigen. Die Frontplatte

analog dazu zuschneiden und befestigen.

7 Vier Eckverstärkungen zuschneiden, an einer Längskante auf Gehrung schneiden und in die Ecken leimen.

8 Die Verstärkungsleiste zuschneiden und an einem Schmalende auf Gehrung schneiden. Durch Anhalten die Maße der anderen Gehrung bestimmen und die Gehrung schneiden. Die Leiste mit Leim und acht 6 x 25-mm-Spanplattenschrauben bündig zur Oberkante der Rückwand befestigen.

9 Den Kasten auf den Kopf stellen. Die drei Bodenverstärkungsleisten zuschneiden, anpassen, einleimen und mit Zwingen sichern. Zusätzlich je drei 6 x 25-mm-Schrauben in jede vordere, vier in die hintere Leiste eindrehen. Den Kasten umdrehen und die Leisten auch von oben durch den Boden anschrauben.

DECKEL BEFESTIGEN

10 Die Platten für den Deckel mit 20 mm Übermaß an allen Seiten anreißen und zuschneiden. Zu allen Kanten

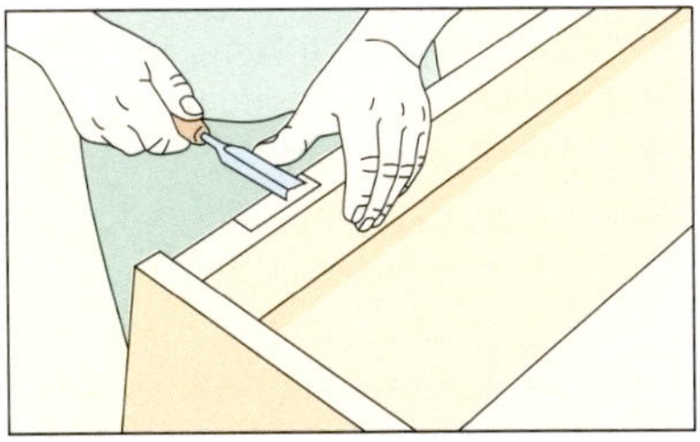

11 Die Position der Scharniere an der Oberkante der Rückwand anreißen und ausstemmen.

12 Die Kassetten können auch in Kontrastfarbe gestrichen werden.

eine Parallele im Abstand von 28 mm anreißen. Die unbeweglichen seitlichen Abdeckplatten mit 40-mm-Stiften und Leim befestigen.

11 Mit einer Scharnierbreite Abstand nach innen die Position der Scharniere an der Oberkante der Rückwand anreißen. Das dritte mittig positionieren. Die Risse auf die Unterseite des Deckels übertragen. Mit dem 25-mm-Stechbeitel Aussparungen so tief ausstemmen, daß das zusammengeklappte Scharnier bündig mit der Oberkante abschließt. Den Kasten mit der Rückwand auf 19-mm-Abfallholz legen, den Deckel passend anlegen und die Position der Scharnierschenkel anreißen. An jedem Scharnier je ein Schraubenloch mit dem 2-mm-Bohrer vorbohren und den Deckel mit nur einer Schraube pro Scharnier provisorisch befestigen. Den Deckel auf Gängigkeit prüfen und die restlichen Schrauben eindrehen.

FERTIGSTELLEN

12 Aus dem Verschnitt die seitlichen Fußleisten anreißen und zuschneiden. Nach Belieben die obere Außenkante mit einer angehobelten Fase brechen. Die seitlichen Fußleisten anleimen und anschrauben. Dazu von innen jeweils drei 6 x 25-mm-Spanplattenschrauben eindrehen. In gleicher Weise die vordere Fußleiste zuschneiden, gut einpassen und befestigen. Dazu fünf Schrauben von innen eindrehen. Die Schraubenköpfe müssen versenkt sein. Wenn die Kanten der Zarge gebrochen werden sollen, dürfen die Fußleisten einstweilen nicht verleimt werden.

13 Den Kasten auf die Rückwand legen und die Position der Kassetten anreißen. Die Querleisten mit der Gehrungssäge auf Gehrung schneiden und mit Leim und 30-mm-Stiften befestigen. Die vertikalen Leisten mit geringem Übermaß zuschneiden, durch exaktes Beschleifen sorgfältig anpassen und ebenso befestigen. Aus 16-mm-MDF die Kassettenfüllungen zuschneiden und die Kanten nach Belieben mit der Oberfräse profilieren und ebenso befestigen.

13 Die Profilleisten anleimen und -nageln und die Nagelköpfe sorgfältig versenken.

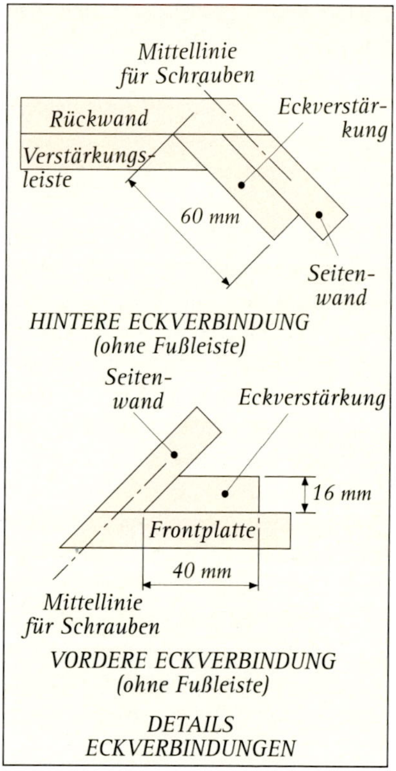

14 Alle Stifte gut versenken, die Löcher mit Zweikomponenten-Kunstharzspachtel spachteln. Das ist wichtig, weil Acryllack mit Stahl reagiert, was zu häßlichen Flecken führt. Alle Spachtelstellen und Kanten mit 120er Schleifpapier gut schleifen. Die MDF-Oberflächen nicht schleifen, weil sonst nach dem Anstrich die Fasern aufstehen können. Das ganze Möbel erst mit MDF-Grundierung streichen und dann alle Teile mit 180er Schleifpapier glattschleifen. Dreimal mit Acryllackfarbe nach Belieben streichen. Nach jedem Anstrich mit 240er Schleifpapier zwischenschleifen.

Die wichtigsten Werkzeuge

Die meisten Werkzeuge, die Sie zum Bau der hier beschriebenen Kästen und Truhen brauchen, werden Sie bereits besitzen. Sie sind ansonsten im Werkzeugfachhandel überall erhältlich.

PUTZHOBEL Standardwerkzeug zum Glätten von Holzflächen

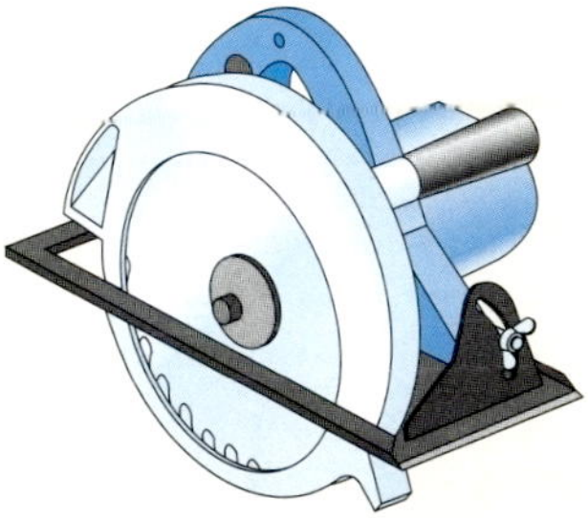

HANDKREISSÄGE Für gerade Schnitte. Läßt sich oft zur einfachen Tischkreissäge ausbauen.

SCHLICHTHOBEL Länger als der Putzhobel. Zum Schlichten von Kanten

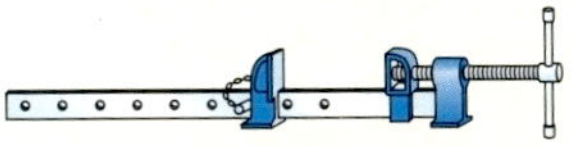

SCHRAUBZWINGE Lange, verstellbare Zwinge mit Klemmgewinde

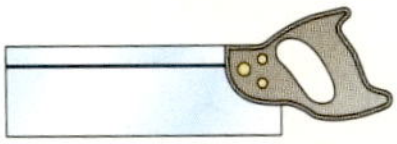

FEINSÄGE Vielseitige Säge mit verstärktem Rücken, der das Durchbiegen des Blattes verhindert

STECHBEITEL Zum Ausstemmen

KLINGEN- ODER TEPPICHMESSER Universalmesser mit kurzen, auswechselbaren Klingen

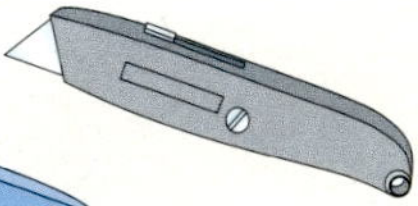

STICHSÄGE Elektrosäge mit dünnem Sägeblatt für Kurvenschnitte

STREICHMASS Zum Anreißen von Linien parallel zur Kante

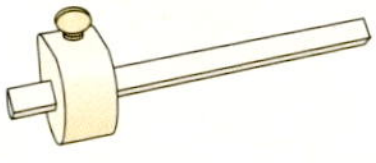

SIMSHOBEL Spezialhobel zum Hobeln von Falzen, Profilen und Profilkanten

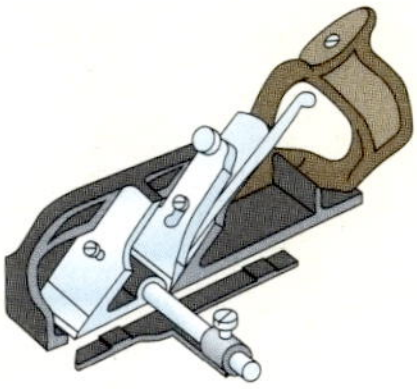

Register

Schablone

Schaukelpferd für Seite 25

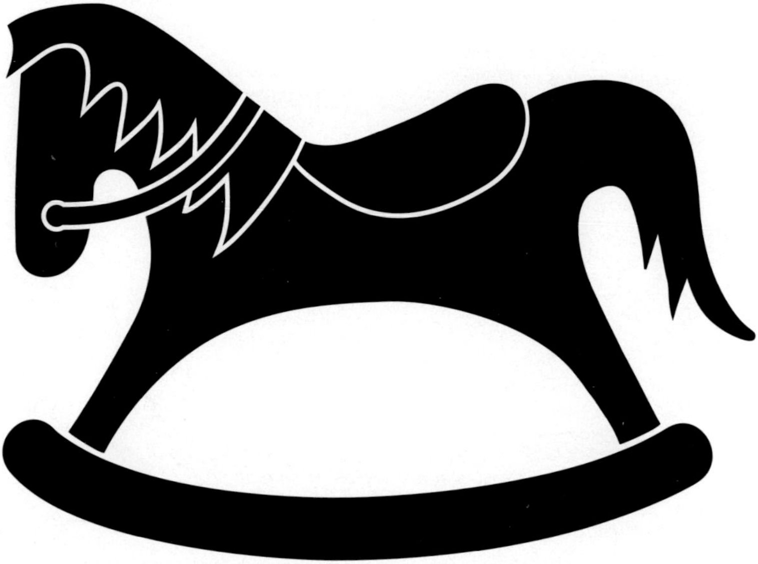